Aus moderner Technik und Naturwissenschaft

Ein Lese- und Übungsbuch für Deutsch als Fremdsprache

von Erich Zettl (Texte),
Jörg Janssen und Heidrun Müller (Übungen)

Max Hueber Verlag

Umschlaggestaltung: Planungsbüro Winfried J. Jokisch · Düsseldorf
Herstellung: Jürgen Kallinich · Erding

6. 5. 4.   Die letzten Ziffern
1997 96 95 94 93   bezeichnen Zahl und Jahr des Druckes.
Alle Drucke dieser Auflage können, da unverändert,
nebeneinander benutzt werden.
2., veränderte und erweiterte Auflage 1987
© 1987 Max Hueber Verlag, D-85737 Ismaning
Gesamtherstellung: Pustet, Regensburg
Printed in Germany
ISBN 3–19–001422–1

Inhaltsverzeichnis

Vorwort

Dieses Lese- und Übungsbuch behandelt Themen aus der modernen Technik und Naturwissenschaft. Es ist für technisch und naturwissenschaftlich orientierte Sprachkurse gedacht, vor allem für Kurse an den Ausländer-Studienkollegs der Fachhochschulen und technischen Universitäten, an den Carl-Duisberg-Centren und am Goethe-Institut.

Fast alle Texte wurden neueren technisch-wissenschaftlichen Veröffentlichungen entnommen. Ihre sprachliche Struktur aber wurde so weit vereinfacht, daß die Vorkenntnisse von 300–350 Deutschstunden zu ihrem Verständnis in der Regel ausreichen.

Die Neuauflage wurde durch eine umfangreiche Sammlung von Übungsaufgaben zum Wortschatz und zur Ausdrucksfähigkeit, zum Textverständnis und zur Grammatik erweitert. Daher kann das Buch als selbständiges Unterrichtswerk für Fortgeschrittenen-Kurse verwendet werden. Es ist aber auch als begleitendes Lehrbuch neben anderen Unterrichtswerken einsetzbar.

Ein Lösungsschlüssel zu den Übungen und eine Liste mit Erklärungen schwieriger Ausdrücke soll das Studium für diejenigen erleichtern, die keine Möglichkeit haben, einen Kurs zu besuchen. Technisch und naturwissenschaftlich interessierte Studenten werden sicher über die Grundkenntnisse der einzelnen Fachgebiete verfügen, die zum inhaltlichen Verständnis der Texte nötig sind. Spezialwissen ist in keinem Falle erforderlich.

Prof. Dr. Gregor Seger, Prof. Dr. Helmut Kramer und Dipl. Ing. Karl Lentes schulden wir Dank für Anregungen und fachliche Hinweise.

1

Der Schritt
ins
21. Jahrhundert

1.1 Unsere Welt im Jahr 2000

Die Welt des Jahres 2000 wird sich von der heutigen in wichtigen Punkten unterscheiden. Auf ihr werden mehr Menschen leben. Wo 1975 zwei Menschen auf der Erde leb-
5 ten, werden es im Jahre 2000 drei sein. Vier Fünftel der Bevölkerung werden in den unterentwickelten Regionen zu Hause sein. Die Ressourcen der Welt werden knapper werden. Während 1975 im Durchschnitt pro
10 Kopf etwa vier Fünftel Hektar Ackerland zur Verfügung standen, wird es im Jahr 2000 nur noch etwa ein halber Hektar sein. Im Zeitraum von 1975 bis 2000 werden die Rohölressourcen pro Kopf voraussichtlich
15 um mindestens 50 % abnehmen. Im gleichen Zeitraum werden sich die vorhande-

nen Wasservorräte allein auf Grund des Bevölkerungswachstums pro Person um 35 % verringern.
20 Die Umwelt wird wichtige Fähigkeiten zur Erhaltung von Leben verloren haben. Bis zum Jahr 2000 werden 40 % der Wälder, die im Jahr 1978 in den unterentwickelten Ländern noch vorhanden waren, vernichtet
25 sein. Diese Vernichtung der Wälder wiederum beschleunigt die Erosion des Weide- und Ackerlandes und damit die Ausdehnung der Wüsten. In etwas mehr als zwei Jahrzehnten werden 15–20 % aller Pflanzen-
30 und Tierarten auf der Erde ausgestorben sein. Das bedeutet einen Verlust von mindestens 500 000 Arten.

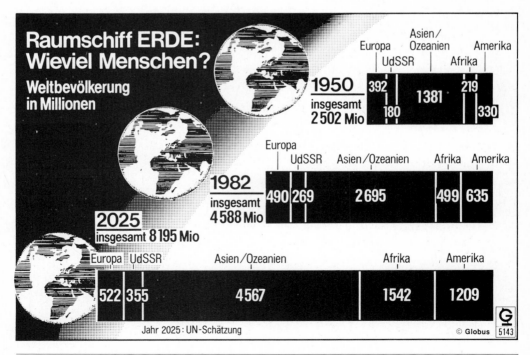

Raumschiff ERDE: Wieviel Menschen?
Weltbevölkerung in Millionen

1950 insgesamt 2 502 Mio — Europa/UdSSR 392, 180; Asien/Ozeanien 1381; Afrika 219; Amerika 330

1982 insgesamt 4 588 Mio — Europa 490, UdSSR 269, Asien/Ozeanien 2 695, Afrika 499, Amerika 635

2025 insgesamt 8 195 Mio — Europa 522, UdSSR 355, Asien/Ozeanien 4 567, Afrika 1542, Amerika 1209

Jahr 2025: UN-Schätzung

© Globus 5143

Die Folgen dieser Entwicklung für die Weltbevölkerung sind bedrohlich. Es wird
35 immer schwieriger, genügend Nahrungsmittel zu erzeugen und Energie zu gewinnen. Die Preise werden steigen, die Nahrungsmittelpreise real um 100%, die Energiepreise um 150%. Dadurch wird sich wie-
40 derum die Zahl der Armen und Hungernden vergrößern.
Vergrößern werden sich ebenfalls die Unterschiede zwischen den reichsten und den ärmsten Völkern. Auch innerhalb der
45 einzelnen Länder werden die starken Ungleichheiten wahrscheinlich fortbestehen. Der Kampf gegen Hunger, Armut und Ungleichheit ist schwierig. Es gibt jedoch Grund zur Hoffnung. In manchen Gebieten
50 werden Wälder neu angepflanzt. Einige Länder versuchen mit Erfolg, Bodenverluste und Wüstenausdehnung zu verringern. Man hat gelernt, Energie zu sparen. Allmählich versteht man auch in den
55 armen Ländern, daß Familienplanung notwendig ist. Diese Entwicklungen sind ermutigend, aber sie reichen bei weitem noch nicht aus.
Die moderne Technik und die moderne
60 Naturwissenschaft waren die Ursachen der Fortschritte der Menschheit in den letzten zweihundert Jahren. Die Technik ist aber auch eine der Ursachen der Probleme unserer Zeit. Nun steht die Menschheit vor der
65 Aufgabe, diese Probleme zu lösen. Abermals muß sie sich dabei ihrer wirksamsten Werkzeuge bedienen, der modernen Naturwissenschaft und Technik.

1 Steht das im Text?

	Ja	Nein
1. Im Jahr 2000 werden 50% mehr Menschen auf der Erde leben.	O	O
2. Die Mehrheit der Bevölkerung wird in hochindustrialisierten Gebieten leben.	O	O
3. Im Jahr 2000 steht jedem Menschen durchschnittlich nur noch etwas mehr als die Hälfte an Ackerland zur Verfügung.	O	O
4. Die Vernichtung der Wälder hat zur Folge, daß Ackerland in immer geringerem Maße ertragreich genutzt werden kann.	O	O
5. Der Bestand an Tieren und Pflanzen wird sich in über 20 Jahren um 500 000 verringern.	O	O
6. Während die Preise für Nahrungsmittel um 100% steigen, liegt der Anstieg bei Energiepreisen bei 150%.	O	O
7. Die Unterschiede zwischen reichen und armen Völkern werden gleich bleiben.	O	O
8. In jedem einzelnen Land herrschen starke Ungleichheiten, die auch in Zukunft wahrscheinlich nicht beseitigt werden können.	O	O
9. Die Lage ist insofern nicht hoffnungslos, als manche Länder sich den Problemen nicht verschließen.	O	O
10. Mit Hilfe von Technik und Naturwissenschaft ist es möglich, die durch Technik und Naturwissenschaften entstandenen Probleme wieder zu lösen.	O	O

2 Mehr oder weniger? Wie verläuft die Entwicklung?

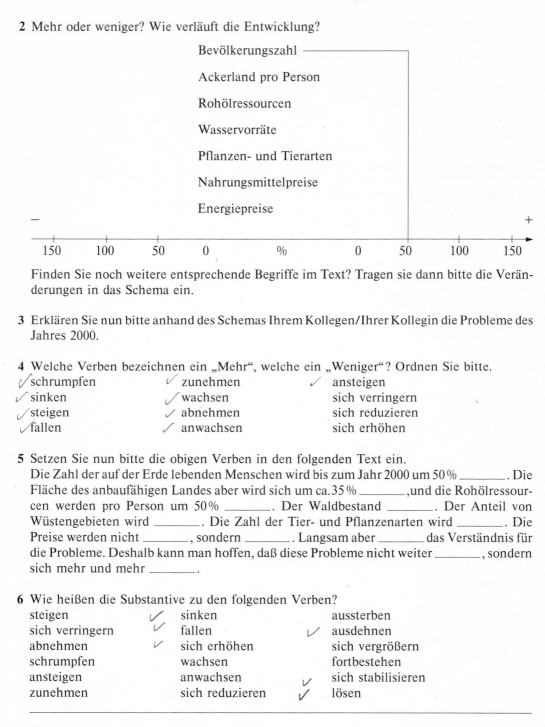

Finden Sie noch weitere entsprechende Begriffe im Text? Tragen sie dann bitte die Veränderungen in das Schema ein.

3 Erklären Sie nun bitte anhand des Schemas Ihrem Kollegen/Ihrer Kollegin die Probleme des Jahres 2000.

4 Welche Verben bezeichnen ein „Mehr", welche ein „Weniger"? Ordnen Sie bitte.

✓ schrumpfen   ✓ zunehmen   ✓ ansteigen
✓ sinken   ✓ wachsen   sich verringern
✓ steigen   ✓ abnehmen   sich reduzieren
✓ fallen   ✓ anwachsen   sich erhöhen

5 Setzen Sie nun bitte die obigen Verben in den folgenden Text ein.
Die Zahl der auf der Erde lebenden Menschen wird bis zum Jahr 2000 um 50 % _____ . Die Fläche des anbaufähigen Landes aber wird sich um ca. 35 % _____ , und die Rohölressourcen werden pro Person um 50 % _____ . Der Waldbestand _____ . Der Anteil von Wüstengebieten wird _____ . Die Zahl der Tier- und Pflanzenarten wird _____ . Die Preise werden nicht _____ , sondern _____ . Langsam aber _____ das Verständnis für die Probleme. Deshalb kann man hoffen, daß diese Probleme nicht weiter _____ , sondern sich mehr und mehr _____ .

6 Wie heißen die Substantive zu den folgenden Verben?

steigen   ✓ sinken   aussterben
sich verringern   ✓ fallen   ✓ ausdehnen
abnehmen   ✓ sich erhöhen   sich vergrößern
schrumpfen   wachsen   fortbestehen
ansteigen   anwachsen   ✓ sich stabilisieren
zunehmen   sich reduzieren   ✓ lösen

7 Formen Sie bitte die Aussagen um, indem Sie folgende Einleitungssätze verwenden:

Man erwartet   Man glaubt
Man rechnet damit   Man macht sich darauf gefaßt
Man hält es für schwierig   Man befürchtet
Man hält es für möglich   Man hofft

Beispiel

> Die Bevölkerung wird rasch zunehmen. ⟶
> Man rechnet damit, daß die Bevölkerung rasch zunimmt. ⟶
> Man rechnet mit einer raschen Zunahme der Bevölkerung.

1. Die Wasser- und Ölvorräte werden sich verringern.
2. Große Waldgebiete werden vernichtet werden.
3. Die Wüsten werden sich ausdehnen.
4. Einige Pflanzen- und Tierarten werden aussterben.
5. Energie- und Nahrungsmittelpreise werden steigen.
6. Die Unterschiede zwischen armen und reichen Völkern werden sich vergrößern.
7. Die Ungleichheiten innerhalb der Völker werden fortbestehen.
8. Die Bevölkerungsentwicklung wird sich im kommenden Jahrhundert hoffentlich stabilisieren.
9. Die Probleme unserer Zeit werden also hoffentlich doch noch gelöst werden.

8 Lesen Sie jetzt bitte noch einmal die Graphik „Mehr oder weniger" mit Hilfe der Verben und Substantive aus Übung 6.

9 Was paßt zusammen?

Substantiv + Substantiv

Rohöl-   -raum
Zeit-   -einsparung
Bevölkerung(s)-   -verlust
Wüste(n)-   -wissenschaft
Tier-   -ausdehnung
Energie-   -ressourcen
Boden-   -planung
Natur-   -arten
Acker-   -preis
Familien-   -wachstum
                    -erosion
                    -land

10 Im folgenden finden Sie drei verschiedene Funktionen des Verbs „werden":

Vollverb	*Futur*	*Passiv*
Die Ressourcen werden knapper.	Im Jahr 2000 werden auf der Erde mehr Menschen leben.	Ackerland wird abgetragen.

Suchen Sie bitte weitere Beispiele im Text, und ordnen Sie sie entsprechend. Finden Sie noch weitere Unterteilungsmöglichkeiten?

11 Wie sieht die Zukunft in Ihrem Land aus? Beschreiben Sie sie bitte unter Verwendung der drei Funktionen von „werden".

12 Bereiten Sie bitte in Gruppen ein Referat vor: „Die Welt im Jahr 3000".

1.2 Der Wald stirbt

1 Welche Informationen erwarten Sie vom Text?

    1. Das Waldsterben   a) betrifft die Bundesrepublik Deutschland.
                                     b) betrifft ganz Europa.
    2. Die Hauptursache   a) ist klar.
                                       b) ist nicht klar.
    3. Die Politiker   a) reagieren spät.
                                       b) reagieren gar nicht.
                                       c) reagieren rechtzeitig.
    4. Kohlekraftwerke   a) sind unersetzlich.
                                       b) müssen bautechnisch verändert werden.

2 Lesen Sie jetzt bitte den Text, und vergleichen Sie, ob Ihre Erwartungen richtig waren.

Text

Europa droht die größte Umweltkatastrophe seiner Geschichte. Der Wald stirbt. In der Bundesrepublik sind bereits mehrere hunderttausend Hektar Wald krank. Jedes
5 Jahr vermehren sich die Schäden, jedes Jahr findet man mehr Bäume, die schon völlig abgestorben sind. In einigen Teilen des Schwarzwaldes sind nur noch 10 % der Bäume gesund.
10 Was ist die Ursache dieser Krankheit? Noch gibt es auf diese Frage keine ganz klare Antwort. Aber mit großer Wahrscheinlichkeit ist die Hauptursache die Verschmutzung der Luft, vor allem die Verschmutzung
15 durch Schwefeldioxid und Stickoxide. Besonders die Mischung beider Stoffe scheint ein gefährliches Pflanzengift zu sein. Ein großer Teil des SO_2 löst sich im Regenwasser und bildet Schwefelsäure. Der „saure
20 Regen" gelangt in den Boden und schädigt dort auch die Wurzeln der Bäume.
Seit vielen Jahren nimmt das SO_2 in der

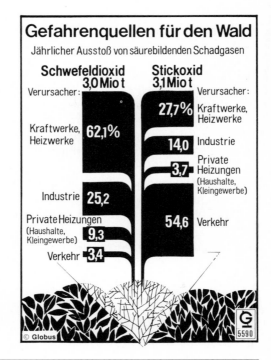

Gefahrenquellen für den Wald

Jährlicher Ausstoß von säurebildenden Schadgasen

Schwefeldioxid 3,0 Mio t	Stickoxid 3,1 Mio t
Verursacher:	Verursacher:
	27,7 % Kraftwerke, Heizwerke
Kraftwerke Heizwerke 62,1 %	14,0 Industrie
	3,7 Private Heizungen (Haushalte, Kleingewerbe)
Industrie 25,2	
Private Heizungen (Haushalte, Kleingewerbe) 9,3	54,6 Verkehr
Verkehr 3,4	

© Globus   5590

Luft zu. Wir wissen auch warum. Noch
immer gewinnen wir den größten Teil der
25 elektrischen Energie aus der Verbrennung
von Kohle. Die Kohlekraftwerke setzen
jährlich viele Tausend Tonnen von Schwefeldioxid frei. Dazu kommen die Abgase des
Straßenverkehrs, der Heizungen und der
30 Industrie.
Die Gefahr der Luftverschmutzung durch
SO_2 ist ein internationales Problem. 50 %
dieser Schadstoffe in der Luft kommen aus
den Nachbarländern Frankreich und Bel-
35 gien, aus der ehemaligen DDR und der
Tschechoslowakei; aber auch die Bundesrepublik exportiert etwa 50 % ihrer Produktion.
Es hat sehr lange gedauert, bis die Politiker
40 aktiv wurden. Jetzt ist es fast zu spät. Denn
jede Maßnahme zur Verringerung des SO_2
in der Luft wirkt erst nach einigen Jahren.

Aber Maßnahmen sind jetzt dringend
nötig, auch wenn sie teuer sind:
45 1. Die Abgase der Kohlekraftwerke müssen
durch Filteranlagen geleitet werden,
welche das SO_2 auswaschen. Eine solche
Anlage ist fast so groß wie eine kleine
chemische Fabrik.
50 2. Kohle und Öl müssen nach und nach
durch andere Energiequellen ersetzt
werden. Dabei wird die Kernkraft trotz
ihrer Risiken wahrscheinlich eine wichtige Rolle spielen.
55 3. Alle Staaten Europas, auch die Staaten
des Ostblocks, müssen die gleichen Maßnahmen treffen. Sie müssen trotz ihrer
Gegensätze auf dem Gebiet des Umweltschutzes zusammenarbeiten. Nur so läßt
60 sich die Katastrophe des Waldsterbens
vielleicht noch verhindern.

3 Unterstreichen Sie jetzt bitte die Stellen im Text, die Informationen über
Waldsterben – die Ursachen davon – die Reaktion der Politiker – Kohlekraftwerke
geben, notieren Sie sie, und erzählen Sie Ihrem Kollegen/Ihrer Kollegin, was Sie gelesen
haben.

4 Schreiben Sie bitte mit Hilfe des Textes die folgenden Sätze zu Ende.
1. Wegen der starken Verschmutzung der Luft . . .
2. Bei der Bildung von Stickoxiden und Schwefeldioxid . . .
3. Wegen der Schädigung der Wurzeln . . .
4. Bei der Gewinnung von elektrischer Energie aus Kohle . . .
5. Bei der Verbrennung schwefelhaltiger Kohle . . .
6. Durch Freisetzung vieler Tausend Tonnen SO_2 . . .
7. Bei der Bildung von Schwefelsäure im Regenwasser . . .
8. Durch gründliches Filtern der Abgase . . .
9. Durch Verwendung anderer Energieträger . . .

5 Aus Satzgliedern kann man Gliedsätze bilden. Dann wird

wegen	⟶	weil, da
bei	⟶	wenn
durch	⟶	indem

Formen Sie jetzt die Sätze nach dem Beispiel um.

> Wegen der starken Verschmutzung der Luft
> Weil die Luft stark verschmutzt ist,   } wird der Wald krank und stirbt.

6 Kennen Sie die fehlenden Wörter?

Adjektiv	Verb	Substantiv
krank		Krankheit
gesund		
groß		
	(aus)trocknen	
	sich lösen	
	schädigen	
		Verbrennung
	ersetzen	

Wenn Sie ein Wort nicht finden, dann fragen Sie Ihre Kollegen/Kolleginnen. Wenn die auch nicht helfen können, dann tut es vielleicht das Wörterbuch.

7 Folgende Wendungen – gefolgt vom Genitiv – drücken einen bestimmten Anteil aus. Dabei beinhalten manche Ausdrücke ganz exakte Angaben (sie sind im Schema auf S. 16 auf der oberen Leiste eingetragen), andere sind variabel (sie finden sich unter der zweiten und dritten Leiste).

10 %		= ein kleiner Teil
25 % =ein Viertel		= ein Teil
33 % =ein Drittel		= ein Teil
40 % =	= mehr als ein Drittel	
45 % =	= weniger als die Hälfte	
50 % =die Hälfte		
66 % =zwei Drittel	= mehr als	= ein großer Teil
75 % =drei Viertel		= der größte Teil

Dieses System ist nur ein Beispiel. Es gibt immer mehrere Ausdrucksmöglichkeiten. Vielleicht wollen Sie jetzt die freien Stellen ergänzen?
Das folgende Schema hilft Ihnen dabei.

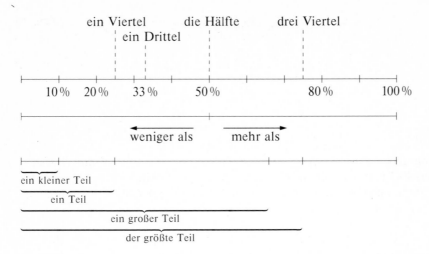

8 Die Bundesrepublik Deutschland gewinnt 3,7% ihrer Energie aus Kernkraft.

> Mengenangabe + Genitiv = $\frac{\text{m/n des (... en) ...}}{\text{f/Pl. der (... en) ...}}$

Versuchen Sie jetzt bitte die Fragen mit Hilfe der obigen Angaben zu beantworten.
1. Woher bekommen Sie (in Ihrer Heimat) Ihre Energie?
2. Wofür wird die Energie bei Ihnen zu Hause verbraucht?
3. Wieviel wird wofür verbraucht?
4. Wofür verbrauchen Sie persönlich Ihre Energie?
Versuchen Sie, noch andere Fragen zu finden, notieren Sie sie auf einem Blatt Papier und machen Sie ein Fragespiel (die ganze Klasse zusammen).

9 Was muß alles getan werden, damit unsere Umwelt nicht kaputtgeht?
Beispiel

> Abgase durch Filteranlagen leiten ──────▶
> Die Abgase müssen durch Filteranlagen geleitet werden.

Bitte machen Sie nun weiter.
1. Kohle und Öl durch andere Energiequellen ersetzen
2. Kernkraft einsetzen
3. Gleiche Maßnahmen in allen Staaten treffen
4. Auf dem Gebiet des Umweltschutzes zusammenarbeiten
5. Die Katastrophe des Waldsterbens verhindern

10 Kennen Sie die „Grünen"? Das ist eine neue Partei, die sich besonders für die Umwelt engagiert. Wenn Sie ein „Grüner" wären, welche Forderungen würden Sie an die Regierung stellen? Formulieren Sie Forderungen zusammen mit Kollegen/Kolleginnen.

11 In der Bundesrepublik Deutschland soll die Geschwindigkeit begrenzt werden, und zwar auf 100 km/h auf der Autobahn. Dazu gibt es eine Debatte in Ihrer Stadt.
Arbeiten Sie in Gruppen:
a) Sie sind Vertreter/in der Partei und wollen die Geschwindigkeit begrenzen.
   Begründen Sie Ihr Vorhaben.
b) Sie sind Bürger/in der Stadt und sind gegen eine Geschwindigkeitsbegrenzung.
   Begründen Sie Ihren Standpunkt.
c) Sie sind Bürger/in der Stadt und sind für eine Geschwindigkeitsbegrenzung.
   Begründen Sie Ihren Standpunkt.
Wenn Sie in Kleingruppen über Ihre Argumente diskutiert haben und sie eventuell notiert haben, eröffnet der/die Bürgermeister/in (aus der Gruppe a) die Anhörung und hört sich die Erklärungen und Meinungen der Gruppen b und c an, legt dann seine/ihre eigene Meinung dar und erklärt, was weiter geschehen soll.

12 Knut Bastion, ein grüner Politiker, hält eine Rede über die Gefahren des Waldsterbens und der Umweltverschmutzung im allgemeinen. Debattieren Sie anschließend über die einzelnen Punkte.

13 In Frankfurt wird die neue Startbahn West gebaut und eingeweiht. Dagegen protestieren umweltbewußte Bürger. Sie sind Ausländer und kommen dazu. Fragen Sie einen/eine Demonstranten/Demonstrantin nach seinen/ihren Gründen für die Teilnahme.

1.3 Heizt sich die Atmosphäre auf?

Das Kohlendioxid (CO_2) in der Atmosphäre nimmt zu. Im Jahre 2000 wird die Luft 30% mehr CO_2 enthalten als 1860.

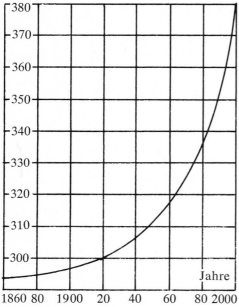

Konzentration von CO_2 in der Atomsphäre
Millionstel Volumenteile

Wie erklärt sich die Zunahme des CO_2 in
5 der Luft? Gegenwärtig gewinnen wir mehr als 90% unserer Energie aus natürlichen Brennstoffen, aus Kohle, Öl und Erdgas. Das Kohlendioxid ist das Produkt aus der Verbrennung dieser Stoffe. Insgesamt wer-
10 den zur Zeit 20 Milliarden Tonnen jährlich in die Atmosphäre abgegeben. Deshalb steigt auch der Kohlendioxidgehalt der Luft um etwa 0,2% pro Jahr an.
Geringe Mengen von CO_2 sind nicht
15 gefährlich. Im Gegenteil. Ohne Kohlendi-
oxid in der Luft gäbe es keine Pflanzen und ohne Pflanzen keine Nahrungsmittel für Tiere und Menschen. Dennoch bedeutet die Zunahme des CO_2 in der Atmosphäre
20 eine Gefahr.
Das CO_2 hat nämlich besondere Eigenschaften. Es ist unsichtbar, das bedeutet, daß die Strahlen des sichtbaren Lichts das CO_2 vollständig durchdringen. Infrarot-
25 oder Wärmestrahlen dagegen werden vom Kohlendioxid absorbiert.
Nehmen wir an, in der Atmosphäre befindet sich eine größere Menge von CO_2. Das Sonnenlicht durchdringt die Atmosphäre
30 und fällt auf die Erdoberfläche. Die Energie des Lichts wird von der Erde aufgenommen und in Wärmeenergie umgewandelt. Wir wissen alle, daß Steine, die in der Sonne liegen, warm werden. Langsam gibt die Erde
35 die Wärme als infrarote Strahlung wieder ab. Diese kann aber das CO_2 in der Atmosphäre nicht durchdringen. Das CO_2 erhitzt sich und damit auch die Luft. Die Atmosphäre wird also um so wärmer, je größer ihr
40 Gehalt an Kohlendioxid ist.
Diese Erwärmung, so gering sie auch scheinen mag, kann zu deutlichen Klimaveränderungen führen. Schon um die Mitte des 21. Jahrhunderts könnte sich die Tempera-
45 tur der Erdatmosphäre um zwei bis drei Grad, an den Polen sogar um fünf bis zehn Grad Celsius erhöht haben. Dies würde nicht nur bedeuten, daß sich die Wüstengebiete ausdehnen, auch die Eismassen an
50 den Polen würden zu schmelzen beginnen. Die Oberfläche der Ozeane würde dann um fünf bis sechs Meter steigen und das Meer tief in das Land eindringen. Das wäre das Ende der meisten Küstenstädte der Welt.

1 Ergänzen Sie bitte das Diagramm.

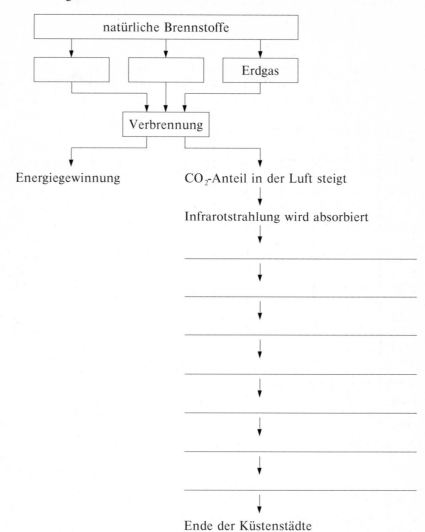

2 Wie ist die richtige Reihenfolge?

Anstieg der
Ozeanoberfläche

② Freisetzung   Absorption von
von CO_2 Wärmestrahlung

Versinken der   Abgabe von CO_2
Küstenstädte   in die Atmosphäre

Erwärmung der   ① Verbrennung natür-
Atmosphärenluft   licher Brennstoffe

Anstieg des CO_2-   Schmelzen der Eis-
Gehalts der Luft   massen an den Polen

Klima-   Eindringen des
veränderung   Meeres ins Land

Ausdehnung der
Wüstengebiete

		Ja	Nein
3 Steht das im Text?			
1. Bezogen auf einen Zeitraum von 140 Jahren beträgt der Anstieg des Kohlendioxidgehalts der Luft 30%.		○	○
2. Den größten Teil unserer Energie gewinnen wir aus natürlichen Brennstoffen.		○	○
3. Der Anstieg des Kohlendioxidgehalts der Luft ist eine Folge der Verbrennung natürlicher Brennstoffe.		○	○
4. Bereits kleine Mengen von CO_2 in der Atmosphäre sind eine Gefahr für Pflanzen, Tiere und Menschen.		○	○
5. Das sichtbare Licht wird vom CO_2 absorbiert.		○	○
6. Wärmestrahlen können das CO_2 vollständig durchdringen.		○	○
7. Die Energie des Sonnenlichts wird auf der Erde in Wärmeenergie umgewandelt.		○	○
8. Wärmeenergie wird von der Erde in Form infraroter Strahlung absorbiert.		○	○
9. Durch eine Erwärmung des CO_2 in der Atmosphäre kommt es auch zu einer Erhöhung der Lufttemperatur.		○	○

10. Die Verbrennung natürlicher Brennstoffe kann Ursache schwerwiegender Klimaveränderungen sein.

Ja ◯ Nein ◯

4 Ergänzen Sie bitte.

Welche Erklärung gibt es dafür, daß das _____ in der _____ zunimmt? Zur Zeit erhalten wir über 90 % unserer _____ aus natürlichen _____. Wenn diese _____ verbrannt werden, entsteht _____. Gegenwärtig werden pro Jahr 20 Milliarden Tonnen _____ in die _____ abgegeben. Daher nimmt der _____ der Luft jedes Jahr um ungefähr 0,2 % zu.

5 Fragen zum Text:
1. Warum nimmt der Kohlendioxidgehalt der Luft zu?
2. Warum sind geringe Mengen von CO_2 in der Luft wichtig?
3. Welche besonderen Eigenschaften hat das CO_2?
4. Was geschieht mit der Energie des Lichts auf der Erdoberfläche?
5. Wie kommt es zur Erwärmung der Atmosphäre?
6. Wozu führt eine Erwärmung der Atmosphäre?
7. Wozu führt eine Temperaturerhöhung an den Polen?

6 Die folgenden Sätze lassen sich auch mit anderen Worten sagen.
Beispiel

> Wie erklärt sich die Zunahme des CO_2 in der Luft? ⟶
> Wie kann man den Anstieg des CO_2 in der Atmosphäre erklären?

1. Gegenwärtig gewinnen wir mehr als 90 % unserer Energie aus natürlichen Brennstoffen.
2. Geringe Mengen von CO_2 sind nicht gefährlich.
3. Dennoch bedeutet die Zunahme des CO_2 in der Atmosphäre eine Gefahr.
4. Nehmen wir an, in der Atmosphäre befindet sich eine größere Menge von CO_2.
5. Wir wissen alle, daß Steine, die in der Sonne liegen, warm werden.

7 Bilden Sie bitte Gruppen, und diskutieren Sie.
a) Vertreten Sie die Interessen der Energieerzeuger!
b) Vertreten Sie die Interessen des Umweltschutzes!
c) Sie sind Politiker/in. Finden Sie Kriterien, nach denen Sie die zu erwartenden Argumente der Gruppen a und b beurteilen können.

Wenn Sie in Kleingruppen über Ihre Argumente diskutiert haben, eröffnet eine/r der Politiker/innen (Gruppe c) die Diskussion und hört sich die Meinungen der Gruppen a und b an, um dann in Absprache mit den Kollegen/Kolleginnen aus Gruppe c eine Entscheidung über Zielsetzungen von Energie- und Umweltpolitik zu treffen.

1.4 Nutzen für uns – Schaden für unsere Kinder?

DDT ist ein künstlich hergestellter, gefährlicher Giftstoff, der als Schädlingsbekämpfungsmittel dient und von dem jährlich etwa 100 000 Tonnen in die Umwelt verteilt
5 werden. Nach dem Versprühen verdampft ein gewisser Teil und wird durch den Wind über weite Strecken befördert, ehe er sich auf der Erde niederschlägt oder ins Wasser der Ozeane gelangt. Im Ozeanwasser wird
10 das DDT von kleinen Lebewesen auf-genommen, die wieder als Fischnahrung dienen; ein Teil der Fische schließlich wird vom Menschen verzehrt. Jeder dieser Schritte folgt auf den vorausgehenden mit
15 einer zeitlichen Verzögerung.

Das Schaubild zeigt, was sich ereignen würde, wenn man ab 1970 die Anwendung von DDT weltweit immer mehr ein-schränkt, so daß es im Jahre 2000 schließ-
20 lich überhaupt nicht mehr benutzt wird.

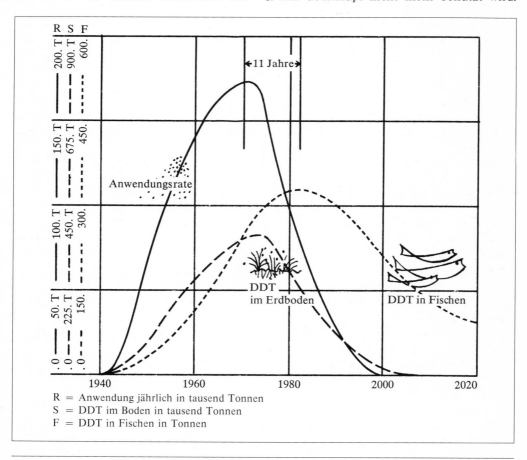

R = Anwendung jährlich in tausend Tonnen
S = DDT im Boden in tausend Tonnen
F = DDT in Fischen in Tonnen

Wegen der zeitlichen Verzögerung im System steigt die DDT-Konzentration in den Fischen dennoch weiter und erreicht ihren Höchststand erst 1981, also 11 Jahre, 25 nachdem die Anwendung eingeschränkt wurde.

Zwischen der Freisetzung eines Schadstoffes und seiner schädlichen Wirkung liegt also immer eine längere Zeit. Alle Maßnahmen, 30 diese schädlichen Folgen künftig zu vermeiden, haben daher eine genauso verzögerte Wirkung. Mit anderen Worten:

Maßnahmen, die erst ergriffen werden, wenn sich schädliche Wirkungen gezeigt 35 haben, kommen viel zu spät, um ein noch viel stärkeres Anwachsen der schädlichen Folgen zu verhindern. Wir setzen heute Giftstoffe frei, die zwar für einen Großteil der augenblicklich lebenden Menschen 40 keinerlei schädliche Wirkung haben. Doch wir sollten daran denken, welche Folgen dies vielleicht für die Generation unserer Kinder hat.

1 Der Weg des DDT in den menschlichen Körper. Ergänzen Sie bitte das Diagramm.

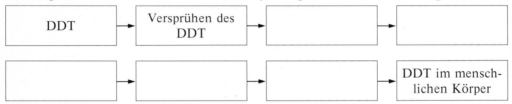

2 Was ist richtig?

1.
a) Die schädliche Wirkung gefährlicher Stoffe oder industrieller Prozesse ist nur langfristig erkennbar.
b) Die langfristigen Folgen der Anwendung schädlicher Stoffe und bestimmter industrieller Prozesse sind oft nicht sofort erkennbar.
c) Die Wirkung schädlicher Stoffe erfolgt unmittelbar nach ihrer Freisetzung.

2.
a) DDT ist ein natürlicher Giftstoff, mit dem Schädlinge bekämpft werden.
b) DDT ist ein gefährliches Schädlingsbekämpfungsmittel, das auf natürlichem Wege entsteht.
c) DDT ist ein künstliches Gift zur Bekämpfung von Schädlingen.

3.
a) Der Weg des DDT von seiner Anwendung bis zur Aufnahme in den menschlichen Körper erfolgt in gleichbleibenden zeitlichen Schritten.
b) Der Aufnahme des DDT in den menschlichen Körper gehen eine Reihe von Schritten mit zeitlicher Verzögerung voraus.
c) Durch die zeitliche Verzögerung der einzelnen Schritte vom Verdampfen des DDT bis zum Niederschlag in den Ozeanen kommt es zur Aufnahme des DDT in den menschlichen Körper.

4.
a) Die Einschränkung der DDT-Anwendung hat zur Folge, daß sich die DDT-Konzentration in den Fischen zeitlich verzögert.

b) Auf Grund einer eingeschränkten Anwendung von DDT wird sich die Konzentration des DDT in den Fischen zeitlich verzögern.

c) Nach einer Einschränkung der DDT-Anwendung wird die Konzentration des DDT – zeitlich verzögert – trotzdem weiter ansteigen.

5.

a) Maßnahmen, die nach dem Auftreten schädlicher Wirkungen ergriffen werden, können ein stärkeres Anwachsen schädlicher Wirkungen nicht verhindern.

b) Um schädliche Folgen zu verhindern, müssen nach dem Auftreten der ersten schädlichen Wirkungen sofort Maßnahmen ergriffen werden.

c) Maßnahmen, die zu spät ergriffen werden, können ein Anwachsen der Folgen noch verhindern.

3 Bitte ergänzen Sie das fehlende Wort.

weil	= deshalb	= wegen
obwohl	= trotzdem	= trotz

Nehmen wir an, daß die Anwendung von DDT weltweit eingeschränkt wird. Dann steigt _____ der zeitlichen Verzögerung im System die DDT-Konzentration in den Fischen _____ weiter. _____ kommen die Maßnahmen zu spät, die erst ergriffen werden, wenn sich bereits schädliche Wirkungen gezeigt haben. _____ die heute freigesetzten Giftstoffe für uns keine direkte schädliche Wirkung haben, sollten wir doch an die Generation unserer Kinder denken.

4 Wie heißt das im Text?

produziert	fallen	überall	in Zukunft
pro Jahr	essen	begrenzen	gegenwärtig
ungefähr	vorhergehend	verwenden	
bevor	passieren	trotzdem	

5 Diskutieren Sie bitte.

1. Wird auch in Ihrer Heimat DDT als Pflanzenschutzmittel verwendet? Oder werden bei Ihnen andere Verfahren der Schädlingsbekämpfung angewendet?

2. Auch durch andere künstlich hergestellte Giftstoffe können Probleme für Menschen, Tiere und Pflanzen entstehen. Kennen Sie Beispiele, und können Sie diese beschreiben?

3. Kennen Sie alternative Möglichkeiten, die die Anwendung dieser Stoffe überflüssig machen könnten?

2

Energie

2.1 Strom aus Sonnenlicht

Der Ölpreis hat sich in den letzten Jahren vervielfacht. Diese Verteuerung der Energie traf nicht allein die Industriestaaten, sondern vor allem die ärmsten Länder der
5 Dritten Welt. Da jedoch die meisten dieser Länder in den heißen Zonen der Erde liegen, wären in erster Linie sie in der Lage, eine Energiequelle zu nutzen, die mehr Energie liefert als alles Öl der Welt zusam-
10 men, nämlich die Sonne.
Im Frühjahr 1981 nahm das erste Sonnenkraftwerk der Welt seinen Betrieb auf. Es wurde von der Europäischen Gemeinschaft auf Sizilien gebaut und trägt den Namen
15 EURELIOS. Wie ist es möglich, elektrische Energie aus Sonnenlicht zu gewinnen? Die Abbildung zeigt den grundsätzlichen Aufbau eines Sonnenkraftwerks. Es besteht aus einem Turm (T) mit einem wassergefüllten

20 Kessel (K), aus einer Reihe von Spiegeln (S), einer Turbine (Tb) und einem Generator (G). Die Spiegel sind so gewölbt, daß ihre Brennpunkte alle auf dem Kessel liegen.
25 Das Sonnenlicht fällt also auf die Spiegel und wird von diesen auf den Kessel fokussiert. Das Wasser erhitzt sich und verdampft; der Dampf strömt durch die Turbine, die wiederum den Generator antreibt.
30 Eine Pumpe (P) pumpt das kondensierte und abgekühlte Wasser in den Kessel zurück.
Leider verändert die Sonne aber ständig ihre Position. Da sich die Erde dreht,
35 scheint sich die Sonne zu bewegen – nicht nur im Laufe eines Tages, sondern auch im Laufe eines Jahres. Deshalb müssen auch die Spiegel ständig bewegt werden. Jeder einzelne der 182 Spiegel von Eurelios hat
40 eine eigene Form, wird durch einen Elektromotor angetrieben und durch einen Computer individuell so gesteuert, daß die Sonnenstrahlen in jedem Moment auf den Heizkessel treffen.
45 Aus diesem komplizierten Aufbau erkennen wir, daß elektrische Energie aus Sonnenlicht keineswegs kostenlos ist. Die Anlagekosten eines Sonnenkraftwerks sind nämlich sehr hoch, um ein Vielfaches
50 höher als die eines Kohle-, Öl- oder Kernkraftwerks gleicher Leistung. Eurelios kostete 25 Millionen DM und hat eine Leistung von einem Megawatt. Ein Kohle- oder Ölkraftwerk dagegen leistet einige 100
55 und ein großer Kernreaktor über 1000 Megawatt. Während Öl jedoch knapp und teuer ist, die Abgase der Kohleverbrennung

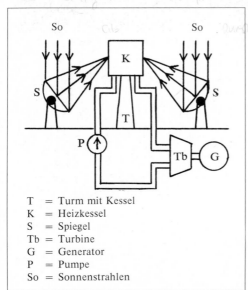

T = Turm mit Kessel
K = Heizkessel
S = Spiegel
Tb = Turbine
G = Generator
P = Pumpe
So = Sonnenstrahlen

unsere Wälder vernichten und die Kern-
energie als gefährlich gilt, kostet das Sonnenlicht selbst praktisch nichts. Die

Sonnenenergie ist völlig „sauber" und
bedeutet für niemanden eine Gefahr.

EURELIOS – 1 MW-Solarkraftwerk auf Sizilien, aus Mitteln der Europäischen Gemeinschaft gebaut

1 Decken Sie die Graphik auf der Seite 26
ab, und beschriften Sie dann die neben-
stehende Graphik.

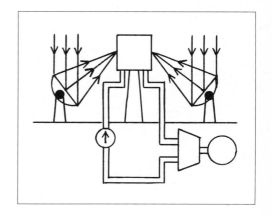

steuern - steer   *leiten - lead, direct*

2 Was gehört zusammen?

1. Durch die reflektierten Sonnenstrahlen

2. Durch eine Pumpe

3. Durch mehrere Spiegel

4. Da die computergesteuerten Spiegel beweglich sind,

5. Durch eine Turbine

a) treffen die reflektierten Sonnenstrahlen immer auf den Heizkessel.

b) wird Sonnenenergie zu einem Kessel geleitet, der auf einem Turm montiert ist.

c) wird das kondensierte und abgekühlte Wasser in den Kessel zurückgepumpt.

d) wird das Wasser im Kessel erhitzt und verdampft.

e) wird der Generator angetrieben.

Bringen Sie jetzt bitte die Sätze in die richtige Reihenfolge.
Erklären Sie nun Ihrem Nachbarn den Aufbau eines Sonnenkraftwerks.

3 Trennbar oder untrennbar? Ergänzen Sie bitte die Verben.

zuführen – ausrichten – sich erhitzen – verdampfen – zuleiten – antreiben – zurück-
pumpen – abkühlen

Der Aufbau eines Sonnenkraftwerks
Auf einem Turm ist ein Kessel montiert. Mehrere Parabolspiegel *richten* Sonnenenergie
aus. Ein Computer steuert die beweglichen Spiegel. Er *treibt* die Spiegel so *an*,
daß die reflektierten Sonnenstrahlen stets auf den Heizkessel treffen. Das Wasser im
Kessel *erhitzt* sich und *verdampft*. Man *leitet* den Dampf einer Turbine *zu*, und
diese *treibt* ihrerseits einen Generator *an*. Das Wasser kondensiert und *kühlt*
anschließend *ab*. Eine Pumpe *pumpt* das Wasser in den Kessel *zurück*.

4 Welche Wirkungen sollen erzielt werden?
Bitte schreiben Sie die Sätze zu Ende.

Beispiel

Die Spiegel sind so gewölbt, daß . . . ⟶
Die Spiegel sind so gewölbt, daß die Brennpunkte alle auf dem Kessel liegen.

1. Die Spiegel werden so gesteuert, daß . . .
2. Das Sonnenlicht fällt so auf den Spiegel, daß . . .
3. Die Erde verändert ihre Position so stark, daß . . .
4. An diesem so komplizierten Aufbau sehen wir, daß . . .
5. Die Anlagekosten eines Sonnenkraftwerks sind so hoch, daß . . .
6. Ein Sonnenkraftwerk erbringt eine so geringe Leistung, daß . . .

5 Wie heißt das Partizip Perfekt zu den Verben? Wird es mit oder ohne „ge-" gebildet?
Wenn es mit „ge-" gebildet wird, wo steht das „ge-"? Am Anfang? In der Mitte?

Bitte schreiben Sie die Partizipien!
1. Das erste Sonnenkraftwerk nimmt seinen Betrieb auf.
2. Es besteht aus einem Turm mit einem wassergefüllten Kessel.
3. Die Spiegel fokussieren das Sonnenlicht auf dem Kessel.
4. Das Wasser im Kessel erhitzt sich und verdampft.
5. Dampf strömt durch die Turbine.
6. Die Turbine treibt den Generator an.
7. Das Wasser im Kessel kühlt ab.
8. Eine Pumpe pumpt das Wasser in den Kessel zurück.

6 Was paßt zusammen? Sie können z. B. die Wörter auf der linken Seite kennzeichnen und denen auf der rechten Seite zuordnen.

Energie	liefern
Energiequelle	nutzen
Energie	kosten
Öl	haben
Spiegel	vernichten
seinen Betrieb	aufnehmen
Wasser	liefern
Generator	gewinnen
die Position	verändern
Geld	antreiben
Wälder	pumpen
eine bestimmte Leistung	bewegen

7 Finden Sie Verben und Substantive zu den folgenden Adjektiven?
Viele lassen sich nach diesem Beispiel bilden. Wie heißen sie? Und wie heißen die anderen?

Beispiel

| teuer   ⟶   verteuern   ⟶   Verteuerung |

Adjektiv	*Verb*	*Substantiv*
billig		
groß		
klein		
alt		
neu		
schön		
lang		
kurz		

8 Versuchen Sie jetzt bitte, mit Ihren Kollegen/Kolleginnen zusammen Sätze mit diesen Wörtern zu bilden.

9 In welchem Zusammenhang kann man die folgenden Adjektive benutzen?
Sie geben alle eine Form an, die nicht „gerade" ist.

gekrümmt   verbeult   schräg   gebogen
verbogen   krumm   schief

Finden Sie noch andere Beispiele?
Welche Wörter bezeichnen einen „normalen" Zustand, welche einen von der Norm abweichenden?

„normal"	nicht „normal"
gewölbt	verbeult

Bilden Sie bitte Beispielsätze mit den Adjektiven.

10 Welche Präfixe passen zu welchem Verb?

	ab-	an-	aus-	be-	er-	mit-	ver-	zu-	zurück-
treiben									
führen								×	

Erklären Sie jetzt bitte die Bedeutung der zusammengesetzten Verben.

11 Silbenrätsel

bi – com – drit – ge – gel – heiz – kes – ne – ne – ne – öl –
preis – pu – ra – sel – son – spie – te – ter – tor – tur – welt

Kosten für Öl   — — — — — — —

Gegenteil von „Industrieländer"   — — — — — — — — —

automatische Rechenmaschine   — — — — — — —

Energieumwandler   — — — —

Stromerzeuger   — — — — —

natürliche Energiequelle   — — — — —

Wasserbehälter auf dem Turm   — — — — —

Gerät, das die Sonnenstrahlen auffängt   — — — — —

Wenn Sie jetzt die doppelt unterstrichenen Buchstaben richtig zusammensetzen, ergibt sich das in dem folgenden Satz fehlende Wort.

Die Anlage eines Sonnenkraftwerks ist eine gute Maßnahme für den

— — — — — — — — — — — — — .

12 Diskutieren Sie bitte im Rollenspiel.
A: Sie sollen der Firma Energ-Ol zur Anlage eines Sonnenkraftwerks raten.
B: Sie sind der Chef der Firma Energ-Ol. Sie gewinnen also Energie aus einem Ölkraftwerk und sehen darin große Vorteile.
Führen Sie ein Verkaufsgespräch.

2.2 Energie aus Atomen

das Ergebnis
der Atomkern – nucleus
verwandeln → change

Neutron

Urankern

Neutronen + Energie

Im Dezember 1938 machte der Chemiker Otto Hahn in Berlin folgendes Experiment: Er bestrahlte Uran mit Neutronen. Hahn hatte sich die Frage gestellt, ob die Atom-
5 kerne des Urans in der Lage sind, Neutronen zu absorbieren. Das Ergebnis des Experiments war eine große Überraschung. Statt Neutronen zu absorbieren, verwandelte sich das Uran in zwei leichtere Elemente.
10 Die Kerne der Uranatome hatten sich gespalten.
Bei dieser Kernspaltung wird nicht nur eine große Menge Energie frei, sondern auch zwei oder drei weitere Neutronen. Wenn
15 genügend Uran vorhanden ist, treffen diese Neutronen auf andere Urankerne, die wiederum Energie und Neutronen freisetzen und so fort. Eine Kettenreaktion läuft ab. Dies ist die Grundlage für die Freisetzung
20 von Energie in Atombomben, aber auch für die Gewinnung von Atomkraft in Kernreaktoren zur Erzeugung von Elektrizität. Ein solcher Reaktor besteht aus einem Druckbehälter (Db), der mit Wasser (W)
25 gefüllt ist. In diesen Behälter werden Brennstäbe (B) eingeführt, die in einer Mischung einige Prozent spaltbares Uran enthalten. Durch eine besondere „Neutronenquelle" wird die Kettenreaktion in

30 Gang gesetzt. Da jedoch immer einige freie Neutronen vorhanden sind, würde die Reaktion auch von selbst beginnen, wenn

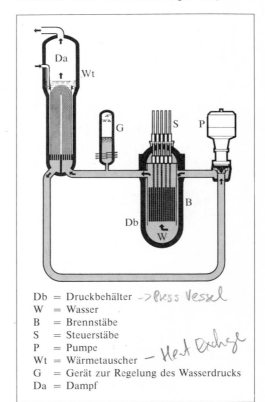

Db = Druckbehälter → Press Vessel
W = Wasser
B = Brennstäbe
S = Steuerstäbe
P = Pumpe
Wt = Wärmetauscher — Heat Exchge
G = Gerät zur Regelung des Wasserdrucks
Da = Dampf

Production   Erzeugung → Production   quelle – source
„Stab," → stick;

sich eine genügend große Masse von Uran im Reaktor befindet. Die Stäbe erhitzen
35 sich auf mehrere hundert Grad und damit auch das Wasser.
Wie aber kann man die Leistung eines Reaktors erhöhen oder vermindern? Wie läßt er sich abschalten? Die bei der Kern-
40 spaltung entstehenden Stoffe sind radioaktiv und daher gefährlich. Es muß also verhindert werden, daß die Kettenreaktion zu schnell abläuft, der Reaktor dadurch beschädigt wird und radioaktive Stoffe aus-
45 treten. Deshalb befinden sich im Reaktor neben den Uranstäben auch Steuerstäbe (S). Diese bestehen aus Kadmium, einem Material, das Neutronen leicht absorbiert.

Wenn die Reaktion zu schnell abläuft, wer-
50 den die Steuerstäbe automatisch etwas tiefer in den Reaktor hineingeschoben und dadurch die überschüssigen Neutronen abgefangen. Läuft die Reaktion dagegen zu langsam ab, dann zieht man die Stäbe ein
55 Stück weiter heraus, und mehr Neutronen erhalten freie Bahn.
Durch eine Pumpe (P) wird das erhitzte Wasser in einen Wärmetauscher (Wt) geleitet, in dem in einem zweiten Kreislauf
60 ebenfalls Wasser zirkuliert. Dieses Wasser verdampft und wird verwendet, um Turbinen und Generatoren anzutreiben und Elektrizität zu erzeugen.

1 Vervollständigen Sie bitte das Diagramm.

| Neutronen |
| Uran |

| Energie | Neutronen | Andere Elemente |

2 Ergänzen Sie bitte.
Otto Hahn _____ Uran mit _____. Er wollte feststellen, ob die Atomkerne des Urans Neutronen _____ können. Durch die _____ verwandelte sich das Uran in zwei Elemente. Durch die _____ der Urankerne werden nicht nur _____, sondern auch _____ frei. Diese Neutronen treffen auf andere _____, wodurch erneut Neutronen und Energie _____ werden. Es kommt zum Ablauf einer _____.

33

3 Erklären Sie bitte die kontrollierte Kettenreaktion.

Reaktorleistung

Erhöhung   Verminderung

↑   ↑

Beschleunigung der Kettenreaktion   Verlangsamung der Kettenreaktion

↑   ↑

Herausziehen der Steuerstäbe   Hineinschieben der Steuer-
                                                    stäbe

1. Durch _____erreicht man _____.
2. Um _____ zu _____, müssen _____.
3. Wenn _____, müssen _____.

4 In diesem Text gibt es 7 Fehler. Wo?   Richtig:
Bei der Kernspaltung entstehen radioak-
tive, gefährliche Stoffe. Die Kettenreaktion
darf nicht zu langsam ablaufen. Im Reaktor
sind deshalb außer den Uranstäben auch
Brennstäbe. Diese bestehen aus Materia-
lien, die Neutronen leicht abstoßen. Läuft
die Reaktion zu schnell ab, werden die
Steuerstäbe von Hand aus dem Reaktor herausgezogen. Auf diese Weise werden die
gespalten Neutronen beschleunigt.
Wenn man dagegen die Steuerstäbe ein
Stück weiter aus dem Reaktor herauszieht,
läuft die Reaktion schneller ab, weil weniger Neutronen abgefangen werden.

5 Was bedeutet das?
1. einen Versuch durchführen   a) versuchen
                                      b) ein Experiment machen
                                      c) einen Versuch abschließen

2. Energie wird freigesetzt.   a) Energie entsteht.
                                      b) Energie wird verbraucht.
                                      c) Die Energie ist nicht mehr an das Uran gebunden.

3. Kadmium kann Neutronen   a) Kadmium ist in der Lage, Neutronen aufzunehmen.
   absorbieren.   b) Kadmium kann Neutronen vernichten.
                                      c) Die Neutronen werden durch das Kadmium verwan-
                                      delt.

4. Radioaktive Stoffe können aus dem Reaktor austreten, wenn die Kettenreaktion zu schnell abläuft.

   a) Die Kettenreaktion erzeugt Radioaktivität im Reaktor.
   b) Eine zu schnelle Kettenreaktion kann radioaktive Strahlung außerhalb des Reaktors verursachen.
   c) Die Kettenreaktion ist Ursache für eine zu hohe radioaktive Strahlung aus dem Reaktorinneren heraus.

5. Durch eine Pumpe wird das erhitzte Wasser in einen Wärmetauscher geleitet.

   a) Das erwärmte Wasser wird durch eine Pumpe ausgetauscht.
   b) In einem Wärmetauscher wird das Wasser erhitzt und zu einer Pumpe geleitet.
   c) Mit Hilfe einer Pumpe gelangt das heiße Wasser zu einem Wärmetauscher.

6 Vervollständigen Sie bitte die Sätze.
1. Durch die Neutronenaufnahme . . .
2. Bei dieser Kernspaltung . . .
3. Nach dem Auftreffen der Neutronen auf andere Urankerne . . .
4. Für die Gewinnung von Atomkraft in Kernreaktoren . . .
5. Wegen der Radioaktivität der bei der Kernspaltung entstehenden Stoffe . . .
6. Bei einem zu schnellen Ablaufen der Kettenreaktion . . .
7. Nach dem Herausziehen der Steuerstäbe . . .
8. Zum Antreiben von Turbinen und Generatoren . . .

7 Statt der Präpositionen können Sie Konjunktionen verwenden.
Welche Konjunktion entspricht (in ihrer Bedeutung bzw. Funktion) welcher Präposition?

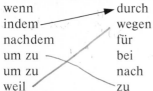

wenn   durch
indem   wegen
nachdem   für
um zu   bei
um zu   nach
weil   zu

Schreiben Sie jetzt bitte die Sätze aus Übung 6 um, indem Sie Konjunktionen benutzen.

8 Welche Wortteile passen zusammen?

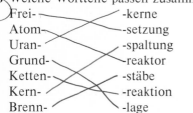

Frei-   -kerne
Atom-   -setzung
Uran-   -spaltung
Grund-   -reaktor
Ketten-   -stäbe
Kern-   -reaktion
Brenn-   -lage

9 Wie heißen die Substantive zu den folgenden Verben?

Beispiel

freisetzen ⟶ Freisetzung

bestrahlen   spalten   einführen
erzeugen   verwandeln mischen
gewinnen   füllen

10 Ergänzen Sie bitte die Verben im Passiv.

verwandeln – freisetzen – bestrahlen – spalten – gewinnen – erzeugen

1. Das Uran _____ mit Neutronen _____ .
2. Das Uran _____ in zwei leichtere Elemente _____ .
3. Die Kerne der Uranatome _____ durch die Neutronen _____ .
4. Auf diese Weise _____ eine große Menge Energie _____ .
5. So _____ Atomkraft _____ .
6. Durch die Freisetzung von Energie _____ Elektrizität _____ .

11 Schreiben Sie bitte einen Kurzbericht zu einem der folgenden Themen:
   - Das Experiment Otto Hahns
   - Der Ablauf einer Kettenreaktion
   - Der Aufbau eines Reaktors
   - Die Funktion von Brenn- und Steuerstäben
   - Stromerzeugung in einem Atomkraftwerk

2.3 Die Kernfusion

⊘ + ⊘ + ⊘ + ⊘ ⟶ ○ ⊘ + Energie
                               ⊘ ○

vier Wasserstoffkerne   Heliumkern

Warum ist es warm, wenn die Sonne scheint? Der Grund dafür ist, daß die Sonne einen Brennstoff besitzt, der fünf Millionen mal mehr Energie liefert als die gleiche
5 Menge Kohle oder Öl. Diese Energiequelle ist der Wasserstoff. Der Wasserstoff der Sonne jedoch wird nicht verbrannt zu Wasser, sondern verschmolzen zu Helium.

Im Inneren der Sonne sind die Temperatu-
10 ren so hoch, daß die Wasserstoffatome in positiv geladene Atomkerne und negativ geladene Elektronen zerfallen. Ein solches hocherhitztes Gas nennen wir „Plasma". Gewöhnlich berühren sich die Wasserstoff-
15 kerne nicht. Da sie die gleiche Ladung haben, stoßen sie sich ab. Doch bei extrem hohen Temperaturen bewegen sie sich so schnell, daß sie trotz der Abstoßungskraft aufeinandertreffen und verschmelzen. Ein
20 kleiner Teil der Masse der beteiligten Kerne wird dabei entsprechend der Formel Einsteins $E = mc^2$ in Energie umgewandelt. Die Folge ist der Ausstoß einer gewaltigen Menge von Energie. Diesen und ähnliche
25 Prozesse bezeichnen wir als Kernfusion. Alle unsere Energieprobleme wären lösbar, wenn es gelänge, diesen Prozeß durchzuführen und unter Kontrolle zu bringen. Um aber die Wasserstoffkerne zu „zünden",
30 benötigen wir eine Anfangstemperatur von etwa 100 000 000 Grad. Das hocherhitzte Plasma darf daher auf keinen Fall mit der

Apparatur in Berührung kommen, da diese dann mit einem Schlag verdampfen würde.
35 Hier liegen die besonderen Schwierigkeiten

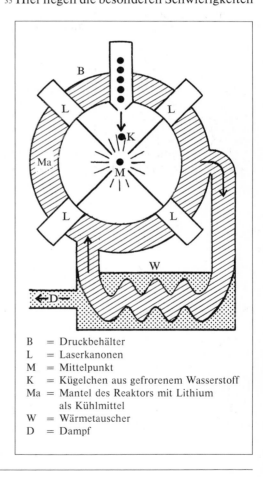

B = Druckbehälter
L = Laserkanonen
M = Mittelpunkt
K = Kügelchen aus gefrorenem Wasserstoff
Ma = Mantel des Reaktors mit Lithium
      als Kühlmittel
W = Wärmetauscher
D = Dampf

bei allen Experimenten mit höchsten Temperaturen.

In den USA, der UdSSR und in Japan, aber auch in den Labors der Max-Planck-Gesell-
40 schaft in München, wurden zu diesem Zweck Geräte entwickelt, die die hohe Energiekonzentration des Lasers zur Erhitzung ausnutzen.

Diese Geräte arbeiten nach folgendem
45 Prinzip (vgl. Skizze, S. 37): In einen kugelförmigen, gasleeren Druckbehälter (B) münden eine Reihe leistungsstarker Laserkanonen (L), deren Strahlen sich im Mittelpunkt (M) kreuzen. Ein Kügelchen (K) aus
50 gefrorenem schwerem Wasserstoff fällt in den Druckbehälter. Sobald es den Mittelpunkt erreicht hat, werden die Laser eingeschaltet. In Bruchteilen von Sekunden wird

das Wasserstoffkügelchen zusammenge-
55 preßt und auf viele Millionen Grad Celsius erhitzt.

Die bei der Kernfusion freiwerdende Wärmeenergie wird von einem Kühlmittel im Mantel (Ma) des Reaktors aufgenom-
60 men. Dieses strömt durch einen Wärmetauscher (W). Dampf (D) wird erzeugt, der Turbinen und Generatoren in Bewegung setzt. Der von der Max-Planck-Gesellschaft in München entwickelte Laser erreicht für die
65 Dauer einer Milliardstel Sekunde eine Leistung von 1 000 000 Megawatt, das ist die fünfzehnfache Leistung aller Kraftwerke der Bundesrepublik zusammen. Aber erst eine Laserleistung, die noch mehrere hun-
70 dertmal größer ist, wird in Zukunft die Kernfusion ermöglichen.

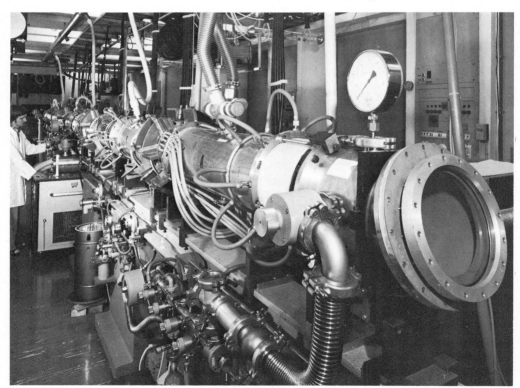

ASTERIX-Laser der Max-Planck-Gesellschaft in München für Fusionsexperimente

1 Steht das im Text?   Ja   Nein

1. Der Wasserstoff der Sonne wird zu Helium verbrannt.   ○   ○

2. Wegen der hohen Temperaturen zerfallen die Wasserstoffatome   ○   ○
   im Inneren der Sonne.

3. Wasserstoffkerne bezeichnet man als Plasma.   ○   ○

4. Die Wasserstoffkerne treffen normalerweise nicht aufeinander,   ○   ○
   weil sie unterschiedlich geladen sind.

5. Eine schnelle Bewegung der Wasserstoffkerne bei sehr hohen   ○   ○
   Temperaturen ermöglicht eine Verschmelzung der Kerne.

6. Bei der Kernverschmelzung wird Energie in Masse umgewandelt.   ○   ○

7. Wenn es möglich wäre, die Wasserstoffkerne zu „zünden",   ○   ○
   ließen sich alle Energieprobleme lösen.

8. Durch das schnelle Verdampfen des Plasmas entstehen Probleme   ○   ○
   bei Versuchen mit höchsten Temperaturen.

2 Schreiben Sie bitte die Sätze zu Ende.
   1. In verschiedenen Ländern wurden Geräte entwickelt, mit denen . . .
   2. Diese Geräte bestehen aus . . .
   3. Leistungsstarke Laserkanonen . . .
   4. Die Strahlen der Laserkanonen . . .
   5. Ein Wasserstoffkügelchen . . .
   6. Die Laser werden eingeschaltet, . . .
   7. Das Wasserstoffkügelchen . . .
   8. Das Kühlmittel im Mantel des Reaktors . . .
   9. Ein Wärmetauscher . . .
  10. Turbinen und Generatoren . . .

3 Fragen Sie bitte Ihre Kollegin/Ihren Kollegen, schreiben Sie die Antworten auf, und vergleichen Sie sie dann mit dem Text.
   A. Wieviel Energie liefert der Brennstoff der Sonne?
   B. Welchen Prozeß bezeichnet man als Kernfusion?
   A. Wann wären alle Energieprobleme lösbar?
   B. Wie lassen sich Wasserstoffkerne „zünden"?
   A. Was geschieht, wenn das Plasma mit der Apparatur in Berührung kommt?
   B. Wie ist der Druckbehälter konstruiert?
   A. Wann werden die Laserkanonen eingeschaltet?
   B. Was geschieht mit dem Wasserstoffkügelchen?
   A. Was geschieht mit der freiwerdenden Wärmeenergie?
   B. Welche Leistung erreicht der Laser?

4 Wie heißen diese Wörter und Wendungen im Text?

die Ursache	sehr (hohe Temperaturen)
(einen Brennstoff) haben	obwohl eine Kraft der Abstoßung
(Energie) abgeben	analog zur (Einstein'schen Formel)
aber	die Konsequenz (ist)
Gas, das eine extrem hohe Temperatur hat	die Abgabe von Energie
bezeichnen als	eine riesige (Menge)
normalerweise	nennen
sich voneinander entfernen	(Kern)verschmelzung

5 Finden Sie weitere Synonyme zu Wörtern im 3. und 4. Textabsatz? Unterstreichen Sie bitte die Wörter im Text, suchen Sie ein Synonym dafür, und fragen Sie dann Ihre Kollegen/Kolleginnen nach dem Wort im Text.

6 Welche Wörter zum Thema Temperaturen/Hitze finden Sie im Text?

7 Was paßt (noch) zusammen?

	-leer	-voll	-reich	-los
gas-	×			
halb-				
luft-				
licht-				
wasser-				
energie-				
kontrast-			×	
stufen-				
draht-				
inhalts-				
wirkungs-				

8 Verbinden Sie bitte die Wörter bzw. Wendungen aus der linken Spalte mit denen aus der rechten Spalte (bzw. umgekehrt), so daß eine sinnvolle Genitivkonstruktion entsteht. Wie muß es richtig heißen?

    der Reaktor des Mantels (oder) der Mantel des Reaktors

das Innere	die Sonne
der Wasserstoff	die Sonne
die beteiligten Kerne	die Masse
der Ausstoß	eine gewaltige Menge Energie
die Labors	die Max-Planck-Gesellschaft
der Laser	die hohe Energiekonzentration
leistungsstarke Laserkanonen	eine Reihe
der Mantel	der Reaktor
eine Milliardstel Sekunde	die Dauer
die Leistung	alle Kraftwerke der Bundesrepublik Deutschland

2.4 Wärme aus kaltem Wasser

Öl wird in Zukunft zu kostbar sein, um Wohnungen damit zu heizen. Doch welche Alternativen haben wir? Eine interessante Möglichkeit bietet die sogenannte Wärmepumpe. Sie ermöglicht die Entnahme von Wärme aus „kaltem" Wasser, zum Beispiel aus dem Wasser eines Flusses.
Ihr Prinzip beruht auf folgender physikalischen Gesetzmäßigkeit: Wenn man einer Flüssigkeit Wärme zuführt, steigt ihre Temperatur bis zum Siedepunkt. Dann beginnt sie zu verdampfen. Auch während der Verdampfung nimmt sie Wärmeenergie auf, doch ihre Temperatur bleibt dabei konstant. Erst wenn die gesamte Flüssigkeit verdampft ist, erhöht sich die Temperatur weiter. Dies zeigt das Diagramm.

Wenn man umgekehrt dem Dampf Wärmeenergie entzieht, sinkt seine Temperatur bis zum Kondensationspunkt. Dieser liegt bei der gleichen Temperatur wie der Siedepunkt. Dann beginnt der Dampf zu kondensieren. Dabei gibt er Wärmeenergie an die kältere Umgebung ab, doch seine Temperatur bleibt noch konstant. Erst wenn der gesamte Dampf kondensiert ist, sinkt die Temperatur bei Wärmeabgabe weiter.

Nehmen wir an, ein Arbeitsmittel hat bei einem Druck von 3,5 bar eine Siedetemperatur von 2 °C (Kurve A). Es ist gerade verdampft; die Temperatur des Dampfes beträgt also noch immer 2 °C (K_1). Nun erhöhen wir den Druck auf 15,5 bar. Bei einer Erhöhung des Drucks steigt nicht nur die Temperatur, sondern auch der Siede- bzw. der Kondensationspunkt (K_2). Diese betragen jetzt 60 °C. Sie haben sich also verschoben und liegen nun auf der Kurve B. Ist die Umgebung kühler als 60 °C, beginnt das Arbeitsmittel zu kondensieren. Bei einer konstanten Temperatur von 60 °C gibt es die Kondensationswärme ab. Die Umgebung wird geheizt.

Nach diesem Prinzip arbeitet die Wärmepumpe, wie sie auf der Skizze (S. 43) dargestellt ist. In einem Rohr (R_1) zirkuliert das Arbeitsmittel, üblicherweise Ammoniak (NH_3). Dieses Arbeitsmittel verdampft und kondensiert unter einem Druck von 3,5 bar bei einer Temperatur von 2 °C; unter einem Druck von 15,5 bar dagegen bei einer Temperatur von 60 °C.

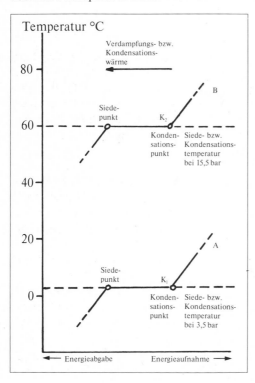

Temperatur °C

Verdampfungs- bzw. Kondensationswärme

Siedepunkt

Kondensationspunkt

Siede- bzw. Kondensationstemperatur bei 15,5 bar

Siedepunkt

Kondensationspunkt

Siede- bzw. Kondensationstemperatur bei 3,5 bar

← Energieabgabe   Energieaufnahme →

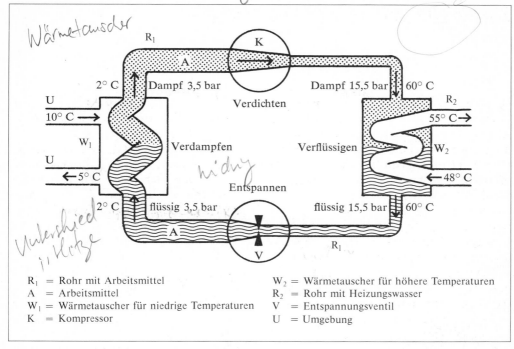

R₁ = Rohr mit Arbeitsmittel
A = Arbeitsmittel
W₁ = Wärmetauscher für niedrige Temperaturen
K = Kompressor

W₂ = Wärmetauscher für höhere Temperaturen
R₂ = Rohr mit Heizungswasser
V = Entspannungsventil
U = Umgebung

Der Kreislauf besteht aus vier Schritten:

1. Verdampfen

⁵⁵ Durch den Wärmetauscher links (W₁) strömt das „kalte" Wasser eines Flusses, dem die Wärme entnommen wird. Es hat eine Temperatur von 10 °C. Das Arbeitsmittel (A) verdampft bei dieser Tempera-⁶⁰ tur und nimmt dabei aus der „kalten" Umgebung (U) Wärmeenergie auf. Seine Temperatur bleibt jedoch konstant auf 2 °C.

2. Verdichten

⁶⁵ Das dampfförmige Arbeitsmittel wird durch einen Kompressor (K) verdichtet, bis der Druck von 3,5 bar auf 15,5 bar gestiegen ist. Der Dampf erhitzt sich auf 60°; sein Kondensationspunkt liegt jetzt ⁷⁰ ebenfalls bei 60 °C.

3. Verflüssigen

Im zweiten Wärmetauscher rechts (W₂) umströmt der heiße Dampf ein Rohr (R₂), in dem Heizungswasser zirkuliert. ⁷⁵ Da dieses kühler ist als der Dampf, verflüssigt sich das Arbeitsmittel und gibt Kondensationswärme ab. Das Heizungswasser erwärmt sich. Temperatur und Druck des Arbeitsmittels bleiben dabei ⁸⁰ konstant.

4. Entspannen

Das flüssige Arbeitsmittel strömt durch ein Entspannungsventil (V). Der Druck fällt von 15,5 bar wieder auf 3,5 bar ab. ⁸⁵ Dieser Druckabfall hat zur Folge, daß das Arbeitsmittel eine Temperatur von 2 °C annimmt. Der Kreislauf kann von neuem beginnen.

Das Verhältnis von aufgenommener zu ⁹⁰ abgegebener Leistung ist bei einer Wärmepumpe sehr günstig. Die elektrische Energie, die der Kompressor benötigt, ermöglicht die Abgabe der dreifachen Menge an Wärmeenergie für die Raumheizung.

1 Ergänzen Sie bitte.

Zufuhr von _____

↓

_____ der Temperatur bis zum _____

↓

Verdampfung der _____

↓

_____ von Wärmeenergie

↓

weiterer Anstieg der _____ nach dem _____ der Flüssigkeit.

2 Wenn man umgekehrt dem Dampf Wärmeenergie entzieht, was passiert dann?
Zeichnen Sie jetzt – mit Hilfe des Textes, wenn nötig – selbst ein Diagramm (wie oben).

3 Bringen Sie die Sätze bitte in die richtige Reihenfolge.
   1. Das dampfförmige Arbeitsmittel wird durch einen Kompressor von 3,5 auf 15,5 bar ver-dichtet.
   2. Seine Temperatur bleibt dabei konstant.
   3. Dabei nimmt es aus der kalten Umgebung Wärmeenergie auf.
   4. Da dieses kühler ist als der Dampf, sinkt die Temperatur des Dampfes geringfügig bis zum Siedepunkt von 60 °C.
   5. Das Arbeitsmittel verdampft bei einer Temperatur von nur 2 °C.
   6. Der Dampf erhitzt sich dadurch auf mehr als 60 °C.
   7. Im Wärmetauscher umströmt der Dampf ein Rohr, in dem Heizwasser zirkuliert.
   8. Temperatur und Druck bleiben dabei konstant.
   9. Gleichzeitig steigt der Siedepunkt auf 60 °C.
   10. Dann verflüssigt sich das Arbeitsmittel und gibt die Kondensationswärme an die Umgebung ab.
   11. Das Arbeitsmittel strömt durch ein Entspannungsventil.
   12. Der Kreislauf kann neu beginnen.
   13. Der Druck fällt von 15,5 bar auf 3,5 bar ab.
   14. Dieser Druckabfall hat zur Folge, daß auch die Temperatur und der Siedepunkt wieder von 60 °C auf 2 °C sinken.

4 Suchen Sie das Gegenteil zu den folgenden Wörtern aus dem Text.

Siedepunkt	dampfförmig
Wärme	kühl
Flüssigkeit	sich erhitzen
Entnahme	Dampf
konstant	verflüssigen
entziehen	verdichten
Wärmeabgabe	sich erwärmen
steigen	Druckabfall

5 Schreiben Sie bitte die Sätze zu Ende.
1. Wenn man einer Flüssigkeit Wärme zuführt, …
2. Wenn die Flüssigkeit verdampft, …
3. Wenn die gesamte Flüssigkeit verdampft ist, …
4. Wenn man dem Dampf Wärmeenergie entzieht, …
5. Wenn der gesamte Dampf kondensiert ist, …

6 Ergänzen Sie bitte die Präpositionen.
Nehmen wir an, ein flüssiges Arbeitsmittel hat _____ 3,5 bar eine Siedetemperatur _____ 2 °C. Es beginnt _____ Erwärmung zu verdampfen, und seine Temperatur steigt schließlich _____ vollständiger Verdampfung weiter. Dieses Arbeitsmittel betrachten wir nun _____ Druck _____ 15,5 bar. Siede- und Kondensationspunkt haben sich verschoben und liegen nun _____ der Kurve B.

7 Welche Bedeutung hat das Präfix „ent-" in den folgenden Wendungen?
dem Dampf Wärmeenergie entziehen
eine Waschmaschine entkalken
eine Heizung entlüften
ein Feuchtgebiet entwässern
Meerwasser entsalzen

8 1. Verdampfen – 2. Verdichten – 3. Verflüssigen – 4. Entspannen
Ordnen Sie bitte den vier Schritten des Kreislaufs die folgenden Stichwörter zu.
Druckerhöhung – Aufnahme von Wärmeenergie aus der „kalten" Umgebung – Erhitzung des Dampfes – Druckabfall – Erwärmung des Heizungswassers – Abgabe von Kondensationswärme – Kondensationspunkt bei 60 °C – konstante Temperatur von 2 °C – Temperatur von 10 °C – Kompressor – Entspannungsventil – in einem Rohr zirkulierendes Heizungswasser – Wärmeentnahme aus „kaltem" Flußwasser – zweiter Wärmetauscher

9 Bilden Sie bitte Relativsätze.

Beispiel

> Die Wärmepumpe bietet eine Alternative zum Öl. Sie ermöglicht die Entnahme von Wärme aus „kaltem" Wasser. ⟶
> Die Wärmepumpe, die die Entnahme von Wärme aus „kaltem" Wasser ermöglicht, bietet eine Alternative zum Öl.

1. Dabei zirkuliert in einem Rohr ein Arbeitsmittel. Dieses Arbeitsmittel verdampft und kondensiert unter einem Druck von 3,5 bar bei einer Temperatur von 2 °C.
2. Durch den Wärmetauscher strömt das „kalte" Wasser eines Flusses. Seine Temperatur liegt bei 10 °C.
3. Das Arbeitsmittel verdampft und nimmt aus der kalten Umgebung Wärmeenergie auf. Seine Temperatur bleibt jedoch konstant auf 2 °C.
4. Der Dampf erhitzt sich. Sein Kondensationspunkt liegt jetzt bei 60 °C.

5. Im zweiten Wärmetauscher umströmt der heiße Dampf ein Rohr. Darin zirkuliert Heizungswasser.
6. Das Arbeitsmittel verflüssigt sich. Seine Temperatur und sein Druck bleiben konstant.
7. Es kommt zu einem Druckabfall. Er hat zur Folge, daß das Arbeitsmittel eine Temperatur von 2°C annimmt.
8. Der Kompressor benötigt elektrische Energie. Die elektrische Energie ermöglicht die Abgabe der dreifachen Menge an Wärmeenergie für die Raumheizung.

10 Erklären Sie bitte Ihrer Kollegin/Ihrem Kollegen die folgende Skizze. Anhand Ihrer Erklärung soll Ihre Kollegin/Ihr Kollege die Skizze beschriften.

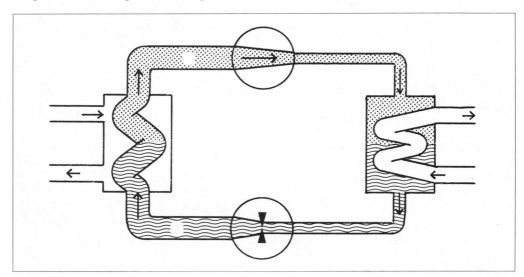

3

Motoren

3.1 Dieselmotoren für Kleinwagen

1 Ordnen Sie die Transportmittel entsprechend dem untenstehenden Schema zu:
Fahrrad, Hubschrauber, Lastkahn, Fähre, PKW, Flugzeug, Zug, Traktor, LKW, Bagger, Sessellift, Passagierschiff, Lokomotive, Öltanker, Motorrad, Segelboot, Bus, Güterzug, Challenger, Kabinenbahn, Containerschiff, Dampfer, Krankenwagen, Straßenbahn, U-Bahn, Zubringerbus, Kran, Bergbahn, Motorboot, Magnetbahn

Straße	Schiene	Luft	Wasser
Personen Sachen	Personen Sachen	Personen Sachen	Personen Sachen
PKW			Segelboot

2 Nennen Sie für jedes dieser Transportmittel die zugehörige Antriebsart;
z. B.: Krankenwagen – Verbrennungsmotor.

Text

Der Dieselmotor ist die Antriebsmaschine vor allem der Großfahrzeuge. Schiffe und Lokomotiven, Traktoren und Bagger, Lastwagen und Omnibusse fahren mit Selbst-
5 zündermotoren; Personenwagen dagegen wurden bis vor kurzem fast ausschließlich durch Benzinmotoren angetrieben. Lange Zeit war die einzige Ausnahme der Mercedes, ein Wagen der Großklasse. Im Septem-
10 ber 1976 jedoch erschien ein Mini-Diesel auf dem Markt. Der VW Golf Diesel war eine Überraschung für alle Autokenner, denn Diesel in kleineren Personenwagen galten bis dahin als „schwierig", als lang-
15 sam, schwer und laut. Doch der Golf Diesel läuft leicht wie die besten Benzinwagen. Freilich sind Autos mit Dieselmotoren teurer, aber
– sie leben länger als Wagen mit Benzinan-
20 trieb, und ihre Pflege und Wartung ist einfacher;
– Dieseltreibstoff läßt sich billiger und energiesparender herstellen als Benzin;
– die Auspuffgase des Diesel sind außeror-
25 dentlich sauber, denn ihr Kohlenmonoxidgehalt ist sehr gering;
– vor allem: Dieselmotoren sind sparsamer. Ihr Treibstoffverbrauch liegt je nach Fahrweise 10 bis 40 Prozent unter dem
30 eines Benzinmotors gleicher Leistung.
Sparsamkeit und saubere Abgase ergeben sich aus dem Diesel-Brennverfahren. Die Luft wird in einem Verhältnis von 20 : 1 bis 24 : 1 verdichtet, wobei sie sich auf etwa 800
35 Grad erhitzt. Die im Vergleich zum Benzinmotor mehr als doppelt so hohe Verdichtung ergibt einen höheren Wirkungsgrad, vor allem bei mittleren Drehzahlen. Der eingespritzte Dieseltreibstoff verbrennt bei
40 großem Luftüberschuß. Der Luftüberschuß führt zu einer sehr guten und damit schadstoffarmen Verbrennung.

Mit dem Golf Diesel, daran besteht kein Zweifel, begann ein neuer Abschnitt in der
45 Geschichte des Dieselmotors. Man muß sich fragen, warum nicht schon längst Kleindiesel entwickelt und eingesetzt wurden.

3 Steht das im Text?

	Ja	Nein
1. Hauptsächlich Großfahrzeuge werden durch Dieselmotoren angetrieben.	⊗	○
2. PKWs werden ausschließlich durch Benzinmotoren angetrieben.	○	⊗
3. Dieselmotoren für kleinere Personenwagen hielt man lange Zeit für problematisch.	⊗	○
4. Autos mit Benzinmotoren sind billiger als Autos mit Dieselmotoren.	○	⊗
5. Benzinmotoren sind leichter zu pflegen und zu warten als Dieselmotoren.	○	⊗
6. Dieselmotoren sind umweltfreundlicher als Benzinmotoren.	⊗	○
7. Der Treibstoffverbrauch eines Benzinmotors liegt über dem Verbrauch eines Dieselmotors gleicher Leistung.	○	○
8. Der höhere Wirkungsgrad des Dieselmotors ist die Folge der im Vergleich zum Benzinmotor um 50 % höheren Verdichtung.	⊗	○

4 Vergleichen Sie bitte einmal Benzinmotoren und Dieselmotoren unter den folgenden Aspekten:
Lebensdauer – Pflege und Wartung – Herstellung des Treibstoffs – Abgase – Treibstoffverbrauch/Verdichtung/Wirkungsgrad.

5 Welche Aussagen stehen im Text über Diesel- und Benzinmotoren?

Dieselmotoren		Benzinmotoren	
sind	haben	sind	haben

6 Wie heißt das im Text?

besonders	dagegen
aber	bis zu diesem Zeitpunkt
bis vor kurzer Zeit	zwar
beinahe	sehr
nur	bereits seit langer Zeit

7 Paßt ein Wort nicht?

1. Treibstoff   Benzin   Diesel
2. der Gehalt   das Gehalt   der Anteil
3. schwer   schwierig   kompliziert
4. fahren   antreiben   laufen
5. erscheinen   sich zeigen   kommen
6. Leistung   Können   Fähigkeit
7. Überschuß   das Zuviel   Überfluß
8. Verbrennung   Energieträger   Energieumwandlung
9. Abschnitt   Absatz   Zeitraum
10. Pflege   Wartung   Inspektion

8 Ergänzen Sie bitte die Präpositionen.

Der Dieselmotor gilt als Antriebsmaschine besonders _für_ Großfahrzeuge. Personen-
fahrzeuge hingegen werden im allgemeinen _durch_ Benzinmotoren angetrieben. Daher
war es eine Überraschung _für_ alle Autokenner, als der VW Golf Diesel 1976 _auf_
den Markt kam.
Bei dem Diesel-Brennverfahren entstehen weniger Schadstoffe, die Belastung _für_
die Umwelt ist geringer. Die Verdichtung der Luft erfolgt _in_ einem Verhältnis _von_
20 : 1 bis 24 : 1. Dabei wird die Luft _auf_ eine Temperatur _von_ etwa 800 Grad erhitzt.
Die Verdichtung ist _im_ Vergleich _zum_ Benzinmotor mehr als zweimal so hoch.
Daraus ergibt sich ein höherer Wirkungsgrad, insbesondere _bei_ mittleren Drehzahlen.

9 Sie haben ein Auto mit Dieselmotor, das Sie verkaufen wollen. Ihr/e Freund/in möchte ein
Auto mit Benzinmotor kaufen. Versuchen Sie, ihn/sie von den Vorzügen des Dieselmotors
zu überzeugen.

billiger überholen
wenig Diesel beschleunigen

Der druck in Dieselmotor ist höher.

3.2 Die Arbeitsweise des Dieselmotors

Der Arbeitszyklus

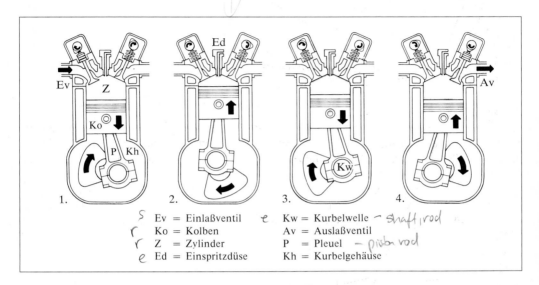

Ev	= Einlaßventil	Kw	= Kurbelwelle — shaft rod
Ko	= Kolben	Av	= Auslaßventil
Z	= Zylinder	P	= Pleuel — piston rod
Ed	= Einspritzdüse	Kh	= Kurbelgehäuse

Die Abbildungen 1 bis 4 zeigen Schnitte durch einen Dieselmotor. Wir erkennen einen Zylinder (Z), in dem sich der Kolben (Ko) bewegt. Der Pleuel (P) verbindet den
5 Kolben mit der Kurbelwelle (Kw), die im Kurbelgehäuse (Kh) rotiert. Im Zylinderkopf befinden sich die Einspritzdüse (Ed), das Einlaßventil (Ev) und das Auslaßventil (Av). Wir bezeichnen diese Maschine als
10 Viertaktmotor, denn der Arbeitszyklus dieses Motors besteht aus vier Kolbenbewegungen (Takten):

1. Ansaugtakt
In Abb. 1 bewegt sich der Kolben nach
15 unten. Das Einlaßventil ist geöffnet, und der Kolben saugt Luft in den Zylinder.

2. Verdichtungstakt
Hat der Kolben seinen unteren Totpunkt erreicht, dann wird das Einlaßventil
20 geschlossen. Der Kolben bewegt sich

nach oben und verdichtet die eingesaugte Luft. Die Luft erhitzt sich dadurch auf mehrere hundert Grad Celsius (Abb. 2). Durch die Einspritzdüse
25 wird Dieseltreibstoff in den Zylinder gespritzt.

3. Arbeitstakt
Das Treibstoff-Luft-Gemisch entzündet sich in der erhitzten Luft und verbrennt.
30 Temperatur und Druck im Zylinder steigen, und die heißen Verbrennungsgase pressen den Kolben nach unten. Durch den Pleuel wird die Kraft auf die Kurbelwelle übertragen (Abb. 3).

35 **4. Auspufftakt**
Wenn der Kolben abermals seinen unteren Totpunkt erreicht hat, öffnet sich das Auslaßventil. Der Kolben bewegt sich wieder nach oben und stößt die Verbren-
40 nungsgase aus (Abb. 4).

51

1 Wie ist der Weg? Finden Sie die passenden Stationen. Die genaue Anzahl finden Sie unten.

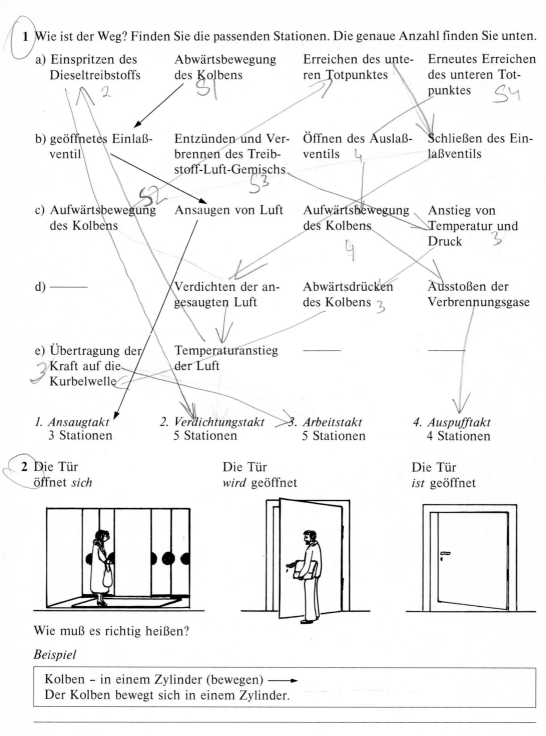

a) Einspritzen des   Abwärtsbewegung   Erreichen des unte-   Erneutes Erreichen
   Dieseltreibstoffs   des Kolbens   ren Totpunktes   des unteren Tot-
                                                    punktes

b) geöffnetes Einlaß-   Entzünden und Ver-   Öffnen des Auslaß-   Schließen des Ein-
   ventil   brennen des Treib-   ventils   laßventils
                    stoff-Luft-Gemischs

c) Aufwärtsbewegung   Ansaugen von Luft   Aufwärtsbewegung   Anstieg von
   des Kolbens   des Kolbens   Temperatur und
                                                     Druck

d) ———   Verdichten der an-   Abwärtsdrücken   Ausstoßen der
                    gesaugten Luft   des Kolbens   Verbrennungsgase

e) Übertragung der   Temperaturanstieg   ———
   Kraft auf die   der Luft
   Kurbelwelle

1. Ansaugtakt   *2. Verdichtungstakt*   *3. Arbeitstakt*   *4. Auspufftakt*
   3 Stationen   5 Stationen   5 Stationen   4 Stationen

2 Die Tür   Die Tür   Die Tür
   öffnet *sich*   *wird* geöffnet   *ist* geöffnet

Wie muß es richtig heißen?

Beispiel

> Kolben – in einem Zylinder (bewegen) ⟶
> Der Kolben bewegt sich in einem Zylinder.

1. Kolben – durch den Pleuel – mit der Kurbelwelle (verbinden)
2. Kolben – nach unten (bewegen) *Der Kolben bewegt sich nach unten.*
3. Einlaßventil (öffnen) *wird geöffnet   öffnet sich*
4. Einlaßventil (schließen) *wird geschlossen.*
5. Kolben – nach oben (bewegen)
6. Luft (erhitzen)
7. Dieseltreibstoff – durch die Einspritzdüse – in den Zylinder (spritzen) *wird   gespritzt.*
8. Treibstoff-Luft-Gemisch – in der erhitzten Luft (entzünden) *entzündet sich*
9. Kolben – durch die heißen Verbrennungsgase – nach unten (pressen) *gepresst.*
10. Kraft – durch den Pleuel – auf die Kurbelwelle (übertragen)
11. Auslaßventil (öffnen)
12. Verbrennungsgase – durch die Kolbenbewegung (ausstoßen)
   ausgestoßen.

3 Welche Satzteile gehören zusammen?

Nomen	Verb	Akkusativobjekt	Präpositionale Wendungen
Der Kolben	rotiert	Luft	mit der Kurbelwelle
Der Pleuel	saugt	den Kolben	im Zylinderkopf
Die Kurbelwelle	überträgt	die angesaugte Luft	in der erhitzten Luft
Einspritzdüse, Einlaß-ventil und Auslaß-ventil	bewegt sich	die Kraft	im Kurbelgehäuse
Der Kolben	verbindet		im Zylinder
Der Kolben	befinden sich		auf die Kurbelwelle
Der Treibstoff	entzündet sich		in den Zylinder
Der Pleuel	verdichtet		

4 Zu den Gruppen a–f paßt jeweils eins der folgenden Verben.
Suchen Sie bitte die richtigen Kombinationen.

1. ausstoßen   3. (sich) entzünden   5. übertragen
2. bezeichnen   4. erreichen   6. verbinden

a) eine Wunde – / die Augen – / Bretter mit Schrauben – / zwei chemische Elemente – sich / zwei Stadtteile durch eine Brücke – / mit Herrn Meier –

b) Atem – / Rauch – / einen Seufzer – / einen Schrei – / aus einem Verein –

c) ein Streichholz – / eine Zigarette – / Feuer – / Liebe – / Haß – / Streit – sich / der Hals – sich / eine Wunde – sich

d) ein Fußballspiel – / ein Konzert – / einen Text vom Spanischen ins Deutsche – / Daten auf Lochkarten – / die Zwischensumme auf die nächste Seite – / Maßstäbe auf eine andere Situation – / Kraft – / die Leitung des Projekts –

e) einen Weg mit einem Dreieck – / eine Stelle – / etwas mit einem Wort – / sich als Architekt –

f) ein Ziel – / den Zug – / Macht – / Alter – / jemanden unter einer Telefonnummer – / der Ort ist zu Fuß zu –

5 Was stimmt hier nicht?

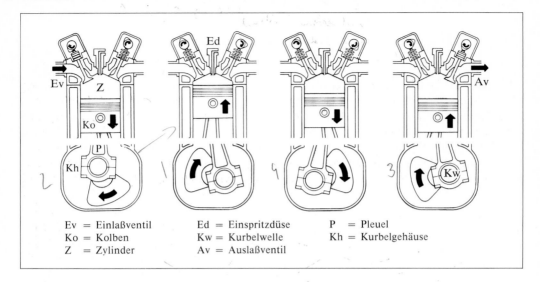

Ev = Einlaßventil   Ed = Einspritzdüse   P = Pleuel
Ko = Kolben   Kw = Kurbelwelle   Kh = Kurbelgehäuse
Z = Zylinder   Av = Auslaßventil

Korrigieren Sie bitte, und nennen Sie die Fehler.
Benutzen Sie dabei die Formulierung „nicht – sondern".

Beispiel

Der Kolben bewegt sich nicht ..., sondern ...

3.3 Gasturbine und Strahltriebwerk

Abbildung 1 zeigt das Prinzip einer offenen Gasturbine. In einem Gehäuse (G) in Form eines Rohres befindet sich eine Welle (W). An jedem Ende der Welle ist ein Turborad
5 (T_1 und T_2) befestigt. Die Schaufeln (Sch) beider Räder stehen etwa im gleichen Winkel zur Welle. Nun drehen wir die Welle.

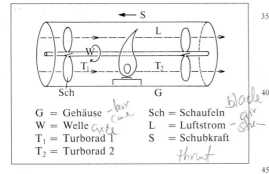

G = Gehäuse Sch = Schaufeln
W = Welle L = Luftstrom
T_1 = Turborad 1 S = Schubkraft
T_2 = Turborad 2

Dadurch entsteht ein Luftstrom (L) im Gehäuse. Dieser Luftstrom erzeugt eine
10 entgegengesetzte Schubkraft (S).
Wenn zwischen den beiden Turborädern Treibstoff verbrannt wird, erhitzt sich die Luft im Gehäuse. Da wir die Welle drehen, wird durch das Turborad T_1 kalte Luft ange-
15 saugt, während das heiße Gas durch das Rad T_2 ausströmt. Durch die Erhitzung aber vergrößert sich das Volumen des Gases. Deshalb ist die Geschwindigkeit des aus-strömenden Gases größer als die Geschwin-
20 digkeit der einströmenden Luft. Auf das Turbinenrad T_2 wirkt also von innen eine Drehkraft. Diese Kraft ist größer als die Kraft, welche man braucht, um das Rad T_1 mit der Welle anzutreiben. Die Welle
25 rotiert nun allein.
Ein Strahltriebwerk eines Flugzeugs (Abb.

2) beruht auf dem gleichen Prinzip. Wir erkennen, daß der Teil T_1 aus mehreren Stufen besteht. Die erste Stufe ist der „Fan"
30 (F). Er erzeugt einen Luftstrom, von dem nur ein Teil durch den Motor geleitet wird. Die folgenden Stufen sind der Niederdruck- (N) und der Hochdruckverdichter (H). Beim Start werden die Verdichter durch
35 einen Hilfsmotor in Betrieb gesetzt. Die Verdichter saugen Luft an und komprimieren sie. Dabei steigt ihre Temperatur und damit der Wirkungsgrad der Maschine. Die heiße, verdichtete Luft strömt nun in die
40 Brennkammer (B). Dort wird Treibstoff eingespritzt und verbrannt. Dabei nimmt die Temperatur weiter zu und damit auch Volumen und Strömungsgeschwindigkeit. Die energiereichen Gase treiben die Turbine T_2
45 an, die ebenfalls aus drei verschiedenen Stufen besteht. Die Turbine T_2 wiederum treibt den Fan und die Kompressoren an. Einen Teil ihrer Energie haben die Gase an

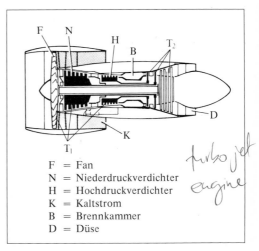

F = Fan
N = Niederdruckverdichter
H = Hochdruckverdichter
K = Kaltstrom
B = Brennkammer
D = Düse

die Turbine abgegeben, aber noch immer
50 enthalten sie eine beträchtliche Menge
Energie. Die Gase strömen nun durch die
Düse (D). In der Verengung steigt die Geschwindigkeit der Gase weiter an. So erzeugen sie eine Schubkraft, die zusammen mit
55 dem „Kaltstrom" des Fans das Flugzeug
vorwärts bewegt.

1 Ergänzen Sie bitte das Diagramm, und beschreiben Sie dann die Funktionsweise der Gasturbine:

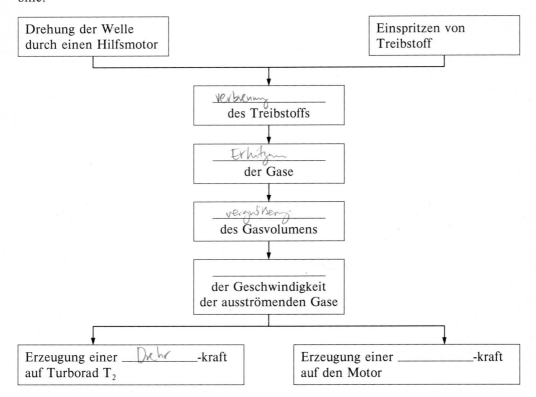

2 Welche Wirkungen haben die folgenden Ursachen?

URSACHE	WIRKUNG
1. Drehung der Welle	Entstehen eines Luftstroms
2. Luftstrom	
3. Verbrennung von Treibstoff zwischen den beiden Turborädern	
4. Drehung der Welle	
5. Erhitzung	
6. Geschwindigkeitsdifferenz	
7. Drehkraft	

3 Vergleichen Sie bitte mit Ihrem Kollegen/Ihrer Kollegin, ob Sie die gleichen Ergebnisse gefunden haben.

Beispiel:

> A: Was geschieht, <u>wenn</u> die Welle sich dreht?
> B: <u>Durch</u> die Drehung der Welle entsteht ein Luftstrom.

4 Wie heißen die passenden Verben?

	Verb	*Präp. +*	*Dat./Akk.*	*Verb*
1. Ein Luftstrom			eine Schubkraft	
2. Treibstoff		zwischen	2 Turboräder	
3. Das Gas		im	Gehäuse	
4. Kalte Luft		durch	das Rad T_1	
5. Das heiße Gas		durch	das Rad T_2	
6. Das Volumen des Gases		durch	die Erhitzung	
7. Eine Drehkraft		auf	das Turbinenrad	

5 Verbinden Sie bitte die Sätze miteinander, indem Sie folgende Konjunktionen benutzen:

> wenn – während – weil – da

1. Zwischen den beiden Turborädern wird Treibstoff verbrannt.

   Die Luft im Gehäuse erhitzt sich.

2. Wir drehen die Welle.

   Durch das Turborad wird kalte Luft angesaugt.

3. Kalte Luft wird angesaugt.

   Heiße Luft strömt durch das Rad aus.

4. Die Luft erhitzt sich.

   Das Volumen des Gases vergrößert sich.

5. Die Geschwindigkeit des ausströmenden Gases ist größer als die Geschwindigkeit der einströmenden Luft.

   Die Drehkraft ist größer als die Kraft, die man braucht, um das Rad mit einer Welle anzutreiben.

6 Vervollständigen Sie bitte die folgenden Stichwörter zum Thema Strahltriebwerk.

Fan – _____ – durch den Motor – _____ – Verdichter – _____ – Hilfsmotor – Luft ansaugen – _____ – _____ – Brennkammer – _____ – Anstieg von _____, Volumen und _____ – Antrieb der Turbine – Antrieb des Fan und der Kompressoren – energiereiche Gase – _____ – Verengung – _____ – _____ und „Kaltstrom" des Fans

7 Wozu dienen die folgenden Teile beim Strahltriebwerk eines Flugzeugs? Was geschieht dort?

Fan – Hilfsmotor – Verdichter – Brennkammer – Turbine – Düse

8 In dem folgenden „Buchstabensalat" sind 12 weitere Wörter „versteckt". Finden Sie sie?

E	P	T	Z	E	U	P	U	L	A	B	A
A	K	L	S	T	A	R	T	K	N	I	T
W	I	V	E	R	D	I	C	H	T	E	R
O	M	O	T	O	R	N	G	E	U	U	E
P	F	L	U	F	T	Z	A	A	R	M	I
S	T	U	F	E	I	I	S	B	B	E	B
T	E	M	F	A	N	P	D	T	I	V	S
A	I	E	N	E	R	G	I	E	N	T	T
E	L	N	A	G	P	U	X	L	E	R	O
E	A	C	B	L	U	K	I	T	W	Y	F
F	L	U	G	Z	E	U	G	A	S	O	F

9 Erklären Sie bitte Ihrer Kollegin/Ihrem Kollegen die Funktionsweise eines Strahltriebwerks, und benutzen Sie dabei die folgenden Verben:

erzeugen – leiten – in Betrieb setzen – ansaugen – komprimieren – steigen – strömen – einspritzen – verbrennen – zunehmen – antreiben – abgeben – enthalten – strömen – ansteigen – erzeugen – bewegen

3.4 Treibstoff aus Wasser

Welcher Kraftstoff wird unsere Autos antreiben, wenn das Erdölzeitalter zu Ende ist? Eine interessante Alternative zum Benzin ist der Wasserstoff, denn sein Rohstoff –
5 das Wasser – ist nahezu unbegrenzt vorhanden, und seine Verbrennung verläuft ohne schädliche Abgase und damit umweltfreundlich. Die Gewinnung des Wasserstoffs erfolgt durch chemische oder elektro-
10 lytische Zerlegung des Wassers.

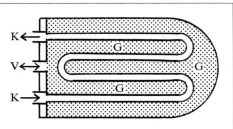

Schnittbild eines durch das Motorkühlwasser beheizten Wasserstoffspeichers

K = Kühlwasser vom Motor
V = Ein- und Ausströmventil für Wasserstoff
G = Metallhydrid als Granulat

Nun kann man freilich den Wasserstoff nicht in einem Benzintank transportieren, denn seine Siedetemperatur liegt bei minus 253 Grad Celsius. Daß der Wasserstoff überhaupt eine Chance im Automobil hat, ist
15

den Metallhydriden zu verdanken. Sie entstehen aus Metall-Legierungen, etwa von Eisen, Magnesium oder Titan, an deren Atome Wasserstoffatome angelagert sind.
20 So entsteht z. B. Magnesiumhydrid (MgH$_2$):

$$Mg + H_2 \longrightarrow MgH_2 + Wärme$$

Bei diesem Prozeß der Anlagerung wird Wärme frei. Im Fahrzeug dagegen muß dem Metallhydrid, das sich als Granulat (G) in
25 einem „Tank" befindet, Wärme zugeführt werden. Nur so läßt sich der Wasserstoff wieder von den Metallatomen abtrennen und als Treibstoff zum Motor leiten.

$$MgH_2 + Wärme \longrightarrow Mg + H_2$$

30 Dieser Bedarf an Wärmeenergie ist aber kein Nachteil, da man leicht das erhitzte Kühlwasser (K) des Motors oder die heißen Abgase durch den Tank pumpen kann.
Jeder Benzinmotor läßt sich nach geringfü-
35 gigen Veränderungen auch als Wasserstoffmotor verwenden, ja man kann ohne Schwierigkeiten Motoren bauen, die sowohl mit Benzin als auch mit Wasserstoff arbeiten. Zwar sind die Kosten eines PKW
40 mit Benzinmotor heute noch niedriger als die eines mit Wasserstoffmotor. Bei gleicher Leistung ist aber ein Wasserstoffauto billiger als alle heute herstellbaren Elektromobile.

1 Was steht im Text?

1.

a) Es gibt noch keinen geeigneten Treibstoff für den Motor.

b) Der Treibstoff für den Motor ist zu teuer.

c) Der Treibstoff für den Motor ist fast unbegrenzt vorhanden.

d) Der richtige Treibstoff für den Motor ist nur begrenzt vorhanden.

2.

a) Die Funktionsweise des Wasserstoffmotors ist relativ einfach.

b) Die Arbeitsweise des Wasserstoffmotors ist einfacher als die des Benzinmotors.

c) Die Arbeitsweise des Wasserstoffmotors ist relativ kompliziert.

d) Die Funktionsweise des Wasserstoffmotors ist sehr kompliziert.

3.

a) Dem Metallhydrid wird Granulat zugeführt.

b) Einem Metallhydrid wird Wärme zugeleitet.

c) Dem Tank wird Metallhydrid zugeführt.

d) Metallhydrid und Granulat leiten Wärme ab.

4.

a) Der Energiebedarf wird durch Wärme gedeckt.

b) Der Bedarf an erhitztem Kühlwasser muß gedeckt werden.

c) Das erhitzte Kühlwasser muß gekühlt werden.

d) Der Wärmeenergiebedarf kann durch erhitztes Kühlwasser gedeckt werden.

5.

a) Jeder Benzinmotor läßt sich jederzeit ohne Veränderungen als Wasserstoffmotor verwenden.

b) Ein Benzinmotor läßt sich nach einer Reihe von Veränderungen als Wasserstoffmotor verwenden.

c) Ein Benzinmotor läßt sich nicht als Wasserstoffmotor verwenden.

d) Ein Benzinmotor läßt sich nach geringen Veränderungen als Wasserstoffmotor verwenden.

6.

a) Die Verbrennung im Wasserstoffmotor läuft ohne Gas ab.

b) Die Abgase bei der Verbrennung sind unschädlich.

c) Die Verbrennung im Wasserstoffmotor geschieht ohne Abgase.

d) Bei der Verbrennung im Wasserstoffmotor entstehen fast keine schädlichen Abgase.

7.

a) Man kann Motoren bauen, die mit Wasserstoff und mit Benzin arbeiten.

b) Es ist nicht möglich Motoren zu bauen, die mit Wasserstoff und Benzin arbeiten.

c) Bald kann man Motoren bauen, die mit Wasserstoff und Benzin arbeiten.

d) Es ist noch nicht gelungen, Motoren zu bauen, die mit Wasserstoff und Benzin arbeiten.

8.

a) Der Benzinmotor ist billiger und umweltfreundlicher als der Wasserstoffmotor.

b) Der Wasserstoffmotor ist umweltfreundlicher und billiger als der Benzinmotor.

c) Der Wasserstoffmotor ist umweltfreundlicher als der Benzinmotor.

d) PKWs mit Benzinmotoren sind teurer als Autos mit Wasserstoffmotoren.

2 Formen Sie bitte die folgenden Sätze um.

Beispiel:

> Mit welchen Kraftstoffen <u>können</u> Autos angetrieben <u>werden</u>? ⟶
> Mit welchen Kraftstoffen <u>lassen sich</u> Autos antreiben?

1. Wasserstoff <u>läßt sich</u> durch chemische oder elektrolytische Zerlegung des Wassers gewinnen.
2. Wasserstoff <u>kann</u> nicht in einem Benzintank transportiert werden.
3. Der Wasserstoff <u>läßt sich</u> wieder von den Metallatomen abtrennen und als Treibstoff zum Motor leiten.
4. Das erhitzte Kühlwasser des Motors oder die heißen Abgase <u>kann</u> man leicht durch den Tank pumpen.
5. Jeder Benzinmotor <u>läßt sich</u> nach geringfügigen Veränderungen auch als Wasserstoffmotor verwenden.
6. Wasserstoffmotoren <u>können</u> ohne Schwierigkeiten gebaut werden.

3 Das kann man …
Das kann … werden ⎫ Das ist … bar
Das läßt sich … ⎭

Bilden Sie Adjektive nach folgendem Muster:

> herstellen ⟶ herstellbar

machen   dehnen   nutzen   tragen
kontrollieren   verwenden   lösen   verstellen
trennen   verschieben   spalten

Nennen Sie jetzt eines dieser Adjektive – oder ein anderes, das Sie noch gefunden haben –, und fordern Sie einen Kollegen/eine Kollegin auf, damit einen Beispielsatz zu bilden. Wenn er/sie richtig antwortet, macht er/sie weiter, wenn nicht, scheidet er/sie aus dem Spiel aus. Wer zuletzt übrigbleibt, hat gewonnen und bekommt …?…

4 Verbinden Sie bitte die Sätze bzw. Satzteile, indem Sie folgende Konjunktionen verwenden:

> zwar – aber; weder – noch; sowohl – als auch; entweder – oder

1. Heute werden unsere Autos mit Benzin angetrieben. In 100 Jahren ist das sicherlich nicht mehr der Fall.
2. Im nächsten Jahrhundert werden die Erdölvorräte erschöpft sein. Dann gibt es vielleicht die Möglichkeit, Wasserstoff als Treibstoff zu verwenden.
3. Wasserstoff kann man nicht in einem Benzintank transportieren. Dank den Metallhydriden hat er eine Chance, im Auto eingesetzt zu werden.
4. Legierungen können aus Eisen, Magnesium und Titan hergestellt werden.
5. Benzin und Wasserstoff sind nicht kostenlos.
6. Ein Motor kann als Benzin- und als Wasserstoffmotor verwendet werden.

7. Man könnte auch Autos bauen, die mit Benzin und mit Wasserstoff fahren können.
8. Heute ist ein Auto mit Benzinmotor billiger als eins mit Wasserstoffmotor. Autos mit Wasserstoffmotoren sind kostengünstiger und leistungsfähiger als Elektromobile.
9. Wasserstoff wird durch chemische oder elektrolytische Zerlegung des Wassers gewonnen.
10. Man kann das erhitzte Kühlwasser des Motors oder die heißen Abgase durch den Tank pumpen.

5 Finden Sie zu den folgenden Wörtern aus dem Text Wörter mit ähnlicher Bedeutung?

Kraftstoff   etwa   geringfügig
nahezu   dagegen   verwenden
unbegrenzt   sich befinden   Schwierigkeit
freilich   sich lassen   PKW
Chance   leicht   billig

4

Aus der Elektrotechnik

4.1 Energiespeicher unter der Erde

Der Bedarf an Elektrizität im Laufe eines vollen Tages ist nicht konstant. Nachts brauchen wir viel weniger elektrische Energie als am Tag; nachts muß daher eine ganze Reihe von Kraftwerken, die relativ billig Elektrizität erzeugen könnten, ihren Betrieb unterbrechen. Für den „Nachtstrom" hat man gewöhnlich keine Verwendung. Wäre es nicht möglich, die überschüssige Nachtenergie zu speichern und sie tagsüber dem Netz zuzuführen, wenn sie dringend benötigt wird? Doch die Speicherung von großen Mengen elektrischer Energie bereitet bis heute Schwierigkeiten.

In der Nähe von Bremen arbeitet seit Dezember 1978 ein Kraftwerk, das das Problem der Energiespeicherung auf eine ganz neue Art gelöst hat. Während der Nacht nutzt die Anlage die überschüssige Energie, um Luft in zwei große Hohlräume (H) unter der Erde zu pressen. Die Hohlräume befinden sich in 650 m Tiefe in einem Salzstock (S) und haben ein Volumen von insgesamt 300 000 m³; das ist mehr als der Rauminhalt des Kölner Doms. Die Hohlräume wurden künstlich geschaffen, indem man Wasser in den Salzstock pumpte, das das Salz löste. Die Salzlösung wurde ins Meer geleitet.

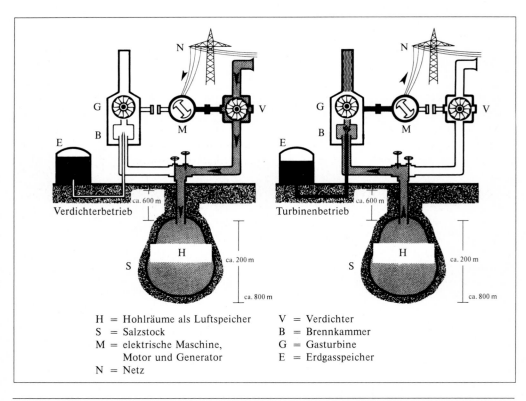

Verdichterbetrieb   Turbinenbetrieb

H = Hohlräume als Luftspeicher   V = Verdichter
S = Salzstock   B = Brennkammer
M = elektrische Maschine,   G = Gasturbine
    Motor und Generator   E = Erdgasspeicher
N = Netz

Der zentrale Teil der Anlage besteht aus
30 einer elektrischen Maschine (M), die
sowohl als Motor als auch als Generator
arbeiten kann. In der Nacht arbeitet die
Maschine als Motor. Da in den Nachtstun-
den genügend billige Elektrizität zur Ver-
35 fügung steht, erhält der Motor die Energie
aus dem Netz (N) und treibt einen Verdichter (V) an, der Luft in die Luftspeicher
pumpt. Vor dem Eintritt in die Speicher
wird die komprimierte und dadurch erhitzte
40 Luft durch Kühler auf etwa 50 Grad Celsius
abgekühlt, damit bei dem gewünschten
Druck möglichst große Luftmassen in den
Hohlräumen Platz finden. Der maximale
Druck in den Speichern beträgt 72 bar.
45 Wenn am Vormittag der Energiebedarf am
größten ist, wird die nachts gespeicherte
Energie genutzt. Die komprimierte Luft
strömt durch Brennkammern (B), wo sie
durch Gasflammen erhitzt wird und
50 dadurch noch mehr Energie aufnimmt.
Dann strömt die erhitzte Luft durch eine
Gasturbine (G), welche die elektrische
Maschine antreibt. Diese arbeitet nun als
Generator. Zwei Stunden lang gibt die
55 Anlage eine Leistung von 290 Megawatt an
das Netz ab.

1 Jeweils ein Satz paßt/stimmt nicht. Welcher?
   1.
   a) Der Elektrizitätsbedarf bleibt im Laufe eines Tages nicht gleich.
   b) Der Bedarf an Strom für einen ganzen Tag verändert sich nicht.
   c) Im Laufe eines Tages schwankt der Strombedarf.
   2.
   a) Tagsüber ist der Energiebedarf viel geringer als in der Nacht.
   b) In der Nacht wird deutlich weniger Energie gebraucht als am Tag.
   c) Am Tag liegt der Energieverbrauch weit über dem Verbrauch in der Nacht.
   3.
   a) Viele Kraftwerke, die ziemlich billig Strom erzeugen könnten, müssen nachts abge-
      schaltet werden.
   b) Eine große Zahl von Kraftwerken, die in der Lage wären, relativ kostengünstig Elektrizi-
      tät zu erzeugen, können in der Nacht nicht weiter betrieben werden.
   c) Eine ganze Reihe von Kraftwerken muß nachts verstärkt Strom erzeugen.
   4.
   a) Man fragt sich, ob es möglich wäre, zuviel produzierte Nachtenergie tagsüber in das Netz
      einzuspeisen.
   b) Es stellt sich die Frage, ob die Energie, die am Tag in das Netz eingespeist werden muß,
      aus der überschüssigen Nachtenergie gewonnen werden kann.
   c) Es fragt sich, ob der Energiebedarf am Tag nicht zum Teil aus der in der Nacht zuviel pro-
      duzierten Energie gedeckt werden kann.

2 Ergänzen Sie bitte die fehlenden Verben.

1. Der zentrale Teil der Anlage		aus einer elektrischen Maschine
2. Die elektrische Maschine		als Motor oder als Generator
3. Der Motor		Energie aus dem Netz
4. Der Motor		einen Verdichter
5. Der Verdichter		Luft in die Luftspeicher
6. Die komprimierte Luft		durch Kühler
7. Der maximale Druck		72 bar

3 Ergänzen Sie bitte die fehlenden Satzteile:

Komprimierte Luft	strömt	durch ...	
	wird		erhitzt
	nimmt		auf
	strömt		
	treibt		an
	arbeitet		
	gibt		ab

4 Ergänzen Sie bitte die fehlenden Präpositionen.
1. der Bedarf _____ Elektrizität
2. _____ Laufe eines Tages
3. eine Reihe _____ Kraftwerken
4. die Speicherung _____ elektrischer Energie
5. _____ der Nähe von Bremen
6. ein Problem _____ eine neue Art lösen
7. Hohlräume _____ 650 m Tiefe
8. ein Volumen _____ 300 000 m³
9. Wasser _____ einen Salzstock pumpen
10. _____ Verfügung stehen
11. _____ ca. 50 °C abkühlen
12. eine Leistung _____ 290 MW

5 Welche Bedeutung haben die folgenden Ausdrücke? Formen Sie bitte die Partizipien entsprechend den Beispielen um.

> billig erzeugte Elektrizität ⟶ Elektrizität, die billig erzeugt worden ist
> dringend benötigte Energie ⟶ Energie, die dringend benötigt wird
> eine als Motor arbeitende Maschine ⟶ eine Maschine, die als Motor arbeitet

1. gespeicherte elektrische Energie
2. in Hohlräume gepreßte Luft
3. künstlich geschaffene Hohlräume
4. in den Salzstock gepumptes Wasser
5. Salz lösendes Wasser
6. die in das Meer geleitete Salzlösung
7. die als Generator arbeitende Maschine
8. die zur Verfügung stehende Elektrizität
9. der einen Verdichter antreibende Motor
10. die komprimierte und erhitzte Luft
11. die nachts gespeicherte Energie
12. die durch Brennkammern strömende Luft

6 Finden Sie noch weitere Beispiele für Adjektive, die auf „-ig", „-isch", „-lich" enden?

-ig	-isch	-lich
wenig	elektrisch	gewöhnlich
billig		möglich
überschüssig		künstlich

7 Was paßt zusammen? Bilden Sie bitte Komposita.

Kraft-	-speicher	-flamme
Energie-	-masse	-bedarf
Nacht-	-inhalt	-speicher
Raum-	-stock	-lösung
Salz-	-werk	-turbine
Luft-	-energie	-stunde
Gas-	-speicherung	

8 Bilden Sie eine Wortkette:
Nachtenergie – Energiebedarf – Bedarfs-...

9 Beschreiben Sie bitte mit Hilfe der folgenden Stichwörter noch einmal das Verfahren der Energiespeicherung:
  a) in der Nacht: elektrische Maschine – Motor – Energie – Verdichter – Luft – Luftspeicher – Kühler
  b) am Tag: Luft – Brennkammern – Gasflammen – Energie – Gasturbine – elektrische Maschine – Generator – Netz

4.2 Strom ohne Widerstand

Eine der merkwürdigsten Erscheinungen im Reich der Physik ist die „Supraleitung". Es ist bekannt, daß jeder Stoff dem elektrischen Strom einen Widerstand entgegen-
5 setzt, der durch das Ohmsche Gesetz bestimmt ist:

$$R = \frac{U}{I} \text{ [Ohm]}$$

R bedeutet in dieser Gleichung den Widerstand eines elektrischen Leiters in Ohm, U die Spannung in Volt und I die Stromstärke
10 in Ampere. Die Gleichung zeigt, daß bei konstanter Spannung die Stromstärke um so größer wird, je kleiner der Widerstand ist. Nun ändert sich aber die elektrische Leitfähigkeit mit der Temperatur. Bei sinkender
15 Temperatur sinkt auch der Widerstand – zumindest gilt dies für die gebräuchlichen Leiter aus Metall wie Kupfer oder Aluminium. Angenommen, man senkt die Temperatur bis in die Nähe des absoluten Null-
20 punktes. Dieser hat den Wert von −273,15 Grad Celsius oder 0 Grad Kelvin. Dann geschieht etwas ganz Überraschendes: der Widerstand schwindet mit einem Male voll-

ständig. Das Metall ist supraleitend gewor-
25 den.
Was bedeutet ein elektrischer Leiter ohne Widerstand? Der durch ihn fließende Strom hat keine Verluste und bewirkt keine Erwärmung. Wenn in einem Ring aus supralei-
30 tendem Material eine Spannung induziert wird, fließt der entstehende Strom für „ewige" Zeit. In einem Experiment wurde bewiesen, daß Tausende von Ampere durch einen dünnen Draht strömen können. Ein
35 Ring, der aus Bleidraht bestand, wurde durch flüssiges Helium gekühlt. Nun induzierte man eine Spannung. Der Strom floß drei Jahre lang in unveränderter Stärke. Wahrscheinlich wird die Supraleitung für
40 die Elektrotechnik der Zukunft von großer Bedeutung sein, denn der wachsende Bedarf an Energie erfordert nicht nur die Erzeugung, sondern auch die Übertragung immer größerer elektrischer Leistungen. Je
45 größer aber die in einem normalen Kabel übertragene Leistung ist, desto größer sind auch die Wärmeverluste durch den elektrischen Widerstand. Diese Verluste verschwinden bei heliumgekühlten, supralei-
50 tenden Kabeln vollständig.

---

1 Steht das im Text?   Ja   Nein

1. Viele Stoffe setzen dem elektrischen Strom einen Widerstand entgegen.   ○   ○

2. Die Stromstärke wird bei gleichbleibender Spannung kleiner, wenn der
   Widerstand größer wird.   ○   ○

3. Die elektrische Leitfähigkeit ist von der Temperatur abhängig.   ⊗   ○

4. In der Nähe des absoluten Nullpunktes erhöht sich der Widerstand,
   den Leiter aus Metall dem elektrischen Strom entgegensetzen.   ○   ⊗

Erfahrungen, I habe erfahren   beobachten - observe

	Ja	Nein
5. Da der Strom die Supraleitung erwärmt, kann er verlustfrei durch diese Leitung fließen.	○	○
6. In Experimenten wurde nachgewiesen, daß Strom unter bestimmten Bedingungen ohne Verluste übertragen werden kann.	○	○
7. Die Wärmeverluste, die durch den elektrischen Widerstand entstehen, sind von der Größe der übertragenen Leistung abhängig.	⊘	○
8. Heliumgekühlte Kabel können in der Nähe des absoluten Nullpunkts Strom verlustfrei übertragen.	○	○

2 Was bedeuten die folgenden Ausdrücke?

Beispiel

> eine sinkende Temperatur ⟶ die Temperatur sinkt

1. eine steigende Temperatur
2. ein wachsender Bedarf
3. ein sinkender Bedarf
4. eine von der Temperatur abhängende Leitfähigkeit
5. eine sich verändernde Leitfähigkeit
6. ein stromleitendes Kabel
7. eine sich nicht verändernde Stromstärke

3 Was bedeutet das im Text?

1. merkwürdig	a) überraschend	6. mit einem Male	a) einmalig
	b) selbstverständlich		b) auf einmal
	c) natürlich		c) einmal
2. Stoff	a) Textilien	7. bewirken	a) wirken
	b) festes Material		b) befolgen
	c) Materie		c) verursachen
3. konstant	a) gleichbleibend	8. für „ewige" Zeit	a) für lange Zeit
	b) stehen bleibend		b) für kurze Zeit
	c) unveränderbar	*eternel*	c) immer *ganz schon*
4. gebräuchlich	a) verwendbar	9. wahrscheinlich	a) vermutlich
	b) häufig verwendet	*probably*	b) sicher
	c) brauchbar		c) vielleicht *perhaps*
5. annehmen	a) glauben	10. vollständig	a) vollkommen *totally*
	b) voraussetzen		b) voll *full*
	c) vermuten	*totally*	c) völlig *entirely*

Vorausgesetzt /

4 Vervollständigen Sie die Sätze nach folgendem Muster:

> Je kleiner der Widerstand ist, } desto größer ist die Stromstärke.
> um so größer ist die Stromstärke.

1. Je größer der Widerstand ist, desto ...
2. Je niedriger die Temperatur ist, ...
3. Je größer die in einem Kabel übertragene Leistung ist, ...
4. Je mehr der Energiebedarf steigt, ...
5. Je größer der Stromverbrauch ist, ...
6. Je schwieriger die Übung ist, ...
7. Je leichter eine Übung ist, ...

5 Suchen Sie bitte die richtigen Adjektivendungen.

	-frei	-los
verlust- geräusch- wirkungs- störungs- rausch- grund- staub- eisen- nutz- zweifel-		

6 In dem „Buchstabensalat" haben sich noch zehn weitere Wörter „versteckt". Finden Sie sie?

R	O	S	W	T	E	M	N	U	G	O
A	N	T	B	E	D	A	R	F	W	L
S	T	R	O	M	S	T	Ä	R	K	E
M	X	O	H	P	E	O	K	U	A	I
O	R	M	M	E	Z	N	L	E	R	T
W	I	D	E	R	S	T	A	N	D	E
E	N	P	R	A	I	C	E	X	R	R
L	G	M	E	T	A	L	L	M	A	H
H	E	L	I	U	M	I	N	A	H	F
A	K	V	E	R	L	U	S	T	T	C

7 Bereiten Sie bitte Kurzreferate vor.
1. Beschreiben Sie den Zusammenhang zwischen Widerstand, Spannung und Stromstärke.
2. Beschreiben Sie die Bedeutung der Temperatur für die elektrische Leitfähigkeit.

4.3 Elektrizität aus heißen Gasen

Bisher verdoppelte sich alle fünfzehn bis zwanzig Jahre der Bedarf an elektrischer Energie. Heute schon entstehen Einheiten von Turbinen und Generatoren mit einer
5 Leistung von über 600 000 Kilowatt; das entspricht der zwölfmillionenfachen Leistung des ersten Generators von Werner von Siemens oder der Leistung von über 16 000 Volkswagen.
10 Doch die heute verwendeten Generatoren haben einen Nachteil: die Wärmeenergie des heißen Gases oder Dampfes muß erst auf eine Turbine übertragen werden, welche wiederum den Generator antreibt.
15 Vor einiger Zeit gelang die Konstruktion von völlig neuartigen Generatoren, welche in der Lage sind, die Wärmeenergie direkt in elektrische Energie umzuwandeln.
Ihr Prinzip ist einfach. Ein Gas wird so weit
20 erhitzt, daß seine Atome in negativ geladene Elektronen und positiv geladene Atomkerne zerfallen, die sogenannten Ionen. Ein solches überhitztes Gas bezeichnet man als Plasma (Ps). Sobald das Plasma
25 durch ein Magnetfeld (M) strömt, werden die elektrisch geladenen Teilchen abgelenkt, die Elektronen zur einen, die positiven Ionen zur anderen Seite.

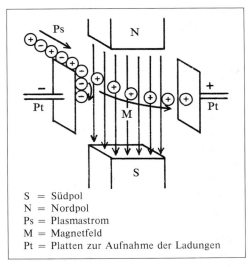

S = Südpol
N = Nordpol
Ps = Plasmastrom
M = Magnetfeld
Pt = Platten zur Aufnahme der Ladungen

So entsteht eine elektrische Spannung.
30 Eine Platte (Pt) auf jeder der beiden Seiten nimmt die Ladungsträger auf. Sobald diese Platten durch einen Leiter verbunden werden, fließt ein Strom. Zweifellos werden diese „magnetofluiddynamischen Genera-
35 toren", kurz „MFD-Wandler" genannt, eine entscheidende Bedeutung erlangen, sobald in Hochtemperatur-Kernkraftwerken oder in Fusionsreaktoren ein Plasma erzeugt werden kann.

1 Ergänzen Sie bitte das Diagramm, und beschreiben Sie das Prinzip der Umwandlung von Wärmeenergie in elektrische Energie.

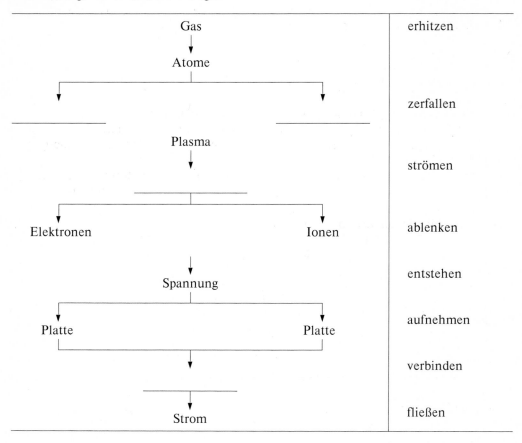

2 Fragen zum Text:
1. Wie hat sich der Bedarf an elektrischer Energie entwickelt?
2. Welche Leistungen erbringen Turbinen- und Generatoren-Einheiten heutzutage?
3. Welchen Nachteil haben die heutigen Generatoren?
4. Wie nennt man ein überhitztes Gas?
5. Wie läßt sich aus einem überhitzten Gas Strom erzeugen?
6. Welche Funktion haben die Platten in dem beschriebenen Experiment?
7. Wie werden die neuartigen Generatoren genannt?
8. Wann könnten diese Generatoren zum Einsatz kommen?

3 Ergänzen Sie bitte.
Man _____ ein Gas so weit, daß seine Atome in _____ und Ionen _____. Ein solches _____ Gas wird Plasma _____. Wenn das Plasma ein Magnetfeld _____, werden die

72

elektrisch _____ Teilchen _____, und zwar die positiven Teilchen zur einen und die _____ zur anderen Seite. Es _____ eine elektrische Spannung. Die Ladungsträger werden von einer _____ auf jeder der beiden Seiten _____. _____ man diese Platten durch einen Leiter, so ~~fließt~~ ein Strom.

4 Welches Verb paßt?

fallen – gefallen – verfallen – zerfallen

1. Das Buch _____ mir sehr gut.
2. Die Atome _____ in Elektronen und Ionen.
3. Das Haus _____ langsam.
4. Die Preise _____.
5. Es _____ Schnee.

6. Die Temperatur _____.
7. Der Film _____ mir.
8. Die Eintrittskarten _____ morgen.
9. Materie _____.
10. In eine traurige Stimmung _____.
11. Die Arbeit _____ ihm schwer.

5 Welche Kombinationen sind möglich?

	antreiben	erhitzen	übertragen	erzeugen	erlangen	strömen	ablenken	umwandeln	bezeichnen	aufnehmen
Energie										
einen Generator										
ein Gas										
als Plasma										
durch ein Magnetfeld										
Teilchen										
Ladungsträger (Subjekt)										
Bedeutung										
Plasma (Subjekt)										
Strom										

6 Finden Sie das Gegenteil zu den folgenden Wörtern aus dem Text?

Nachteil   neuartig   zweifellos
einfach   überhitzt   kurz
erhitzen   zur einen Seite   direkt
heiß   aufnehmen   entstehen

4.4 Schwebende Züge

Gliding [handwritten]

1 Kennen Sie diese Zeichen?

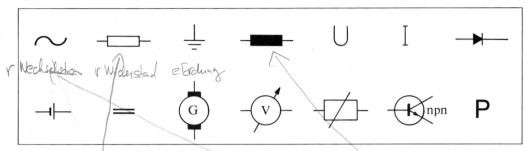

Wechselstrom [handwritten] — Widerstand [handwritten] — Erdung [handwritten]

Die folgenden Wörter gehören zu den obigen Symbolen. Bitte ordnen Sie sie zu!
Setzen Sie dann die passenden Wörter in die untenstehenden Sätze.

> Strom – Widerstand – Leistung – Spannung – Wechselstrom – Spule – Gleichstrom –
> Relais – Generator – Transistor – Erdung – Diode – Meßgeräte – Batterie

1. Wechselstrom ist ein Strom, dessen Stärke und Richtung sich periodisch mit der Zeit ändert.
2. Widerstand nennt man die unterschiedlich stark ausgeprägte Eigenschaft von Stoffen, den Fluß elektrischen Stroms zu hemmen.
3. Die Verbindung elektrischer Geräte mit elektrisch gut leitenden Erdschichten nennt man _____ .
4. Spule nennt man ein Schaltungselement, das man durch Wicklung eines isolierten Leiters erhält.
5. Unter Strom versteht man den Transport von elektrischen Ladungen. *charge* [handwritten]
6. Bei unterschiedlicher elektrischer Ladung zwischen zwei Punkten ist eine elektrische Potentialdifferenz meßbar, die man als Spannung bezeichnet.
7. Eine Diode ist ein elektrisches Bauelement, das Strom in einer Richtung leiten kann.
8. Der Quotient aus Arbeit und Zeit heißt Leistung.
9. Unter Batterie versteht man die Zusammenschaltung mehrerer elektrochemischer Elemente.
10. Ein elektrischer Strom konstanter Richtung heißt Gleichstrom.
11. In einem Generator wird mechanische Energie in elektrische umgewandelt.
12. Meßgeräte dienen der quantitativen Erfassung von physikalischen und chemischen Eigenschaften. *Measuren* [handwritten]
13. Ein elektrisches Bauelement, mit dem elektrische Leistung gesteuert wird, ist Relais .
14. Ein Transistor ist ein Halbleiter-Bauelement, das elektrische Ströme und Spannungen verstärken kann.

[margin handwriting: als Konjekt; W, t, Power]

Text

Im Emsland in der Nähe der holländischen Grenze wird ein neuartiges Verkehrssystem erprobt, die Magnetschwebebahn „Transrapid". Sie fährt nicht auf Rädern, sondern
5 *schwebt* – getragen von einem wandernden Magnetfeld. Wie arbeitet dieses System? Erinnern wir uns an die Grundlagen des Elektromagnetismus:

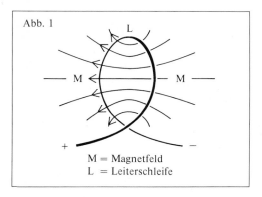

Abb. 1

M = Magnetfeld
L = Leiterschleife

1. Verändert sich ein Magnetfeld (M in
10 Abbildung 1) in einer Leiterschleife (L), so wird in der Schleife eine Spannung induziert. Sind die Enden der Schleife verbunden, so fließt Strom.
2. Umgekehrt: fließt Strom durch eine
15 Leiterschleife, dann erzeugt die Schleife ein Magnetfeld.
3. Fließt Strom durch eine Schleife, in der sich ein Stück weiches Eisen befindet, dann wird durch das Magnetfeld der Schleife das
20 Eisen magnetisiert. Das Feld der Leiterschleife und das Feld des Eisens addieren sich. Wir erhalten einen „Elektromagnet".
Nehmen wir an, Wechselstrom fließt nacheinander durch eine Anordnung von
25 Wicklungen, wie sie die Abbildung 2 zeigt. Diese Anordnung nennen wir „Stator". Zuerst fließt der Strom durch A und baut um den Leiter ein starkes Magnetfeld auf. Dann fließt er durch B, während er in A
30 schwächer wird und verschwindet, dann durch C, dann wieder durch A und so fort. Das Magnetfeld wandert also wie eine Welle den Stator entlang.
Nun betrachten wir Abb. 3. Sie zeigt einen
35 Querschnitt durch einen Wagen des Transrapid. Der Wagen fährt über einer besonderen „Schiene" (S), ohne sie zu berühren. Links und rechts am unteren Teil der Seitenplatten ist je ein Stator (St) befestigt,
40 wie er in Abb. 2 dargestellt ist. Darunter befinden sich auf der Skizze Blöcke (E) aus Weicheisen, die am Wagen befestigt sind. Das wandernde Magnetfeld zieht diese Blöcke an.
45 Nun würde natürlich die Kraft des Wanderfeldes nicht ausreichen, um die Eisenblöcke hochzuheben und zusammen mit dem Wagen schwebend weiterzutransportieren. Um die hebende und ziehende Kraft zu ver-

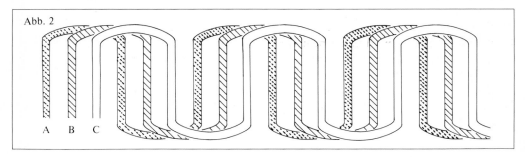

Abb. 2

A   B   C

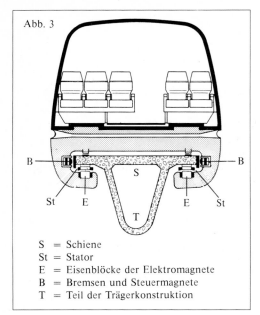

Abb. 3

S = Schiene
St = Stator
E = Eisenblöcke der Elektromagnete
B = Bremsen und Steuermagnete
T = Teil der Trägerkonstruktion

50 stärken, verwendet man statt der einfachen Eisenblöcke Elektromagnete. Dies zeigt, von der Seite gesehen, die Abbildung 4. Wir erkennen im Fahrweg (Fw) die Quer-

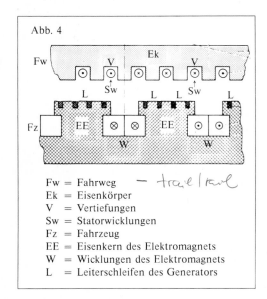

Abb. 4

Fw = Fahrweg   — trail/rail
Ek = Eisenkörper
V = Vertiefungen
Sw = Statorwicklungen
Fz = Fahrzeug
EE = Eisenkern des Elektromagnets
W = Wicklungen des Elektromagnets
L = Leiterschleifen des Generators

schnitte der Statorwicklungen (Sw), die in 55 einem Eisenkörper (Ek) befestigt sind; darunter die Elektromagnete am Wagen mit Wicklungen (W) und Eisenkern (EE).

Nun stehen wir jedoch vor einer Schwierigkeit. Die Elektromagnete wie auch die 60 anderen elektrischen Systeme im Wagen brauchen Strom. Diesen können wir aber nicht von einer äußeren Leitung abnehmen wie etwa im Falle einer normalen Elektrolokomotive. Der schwebende Wagen darf 65 keinen Körper berühren.

Eine gute Idee ermöglichte die Lösung des Problems: wir erkennen, daß die Wicklungen des Stators (Sw) in Vertiefungen (V) des Eisenkörpers (Ek) liegen. Immer dort, 70 wo sich eine solche Vertiefung befindet, ist das wandernde Magnetfeld schwächer. Das Wanderfeld ist also *unregelmäßig*. Wir erkennen auch, daß oben in den Eisenkernen der Elektromagnete weitere Leiter-75 schleifen (L) liegen. Wenn der Wagen fährt, bewegen sich diese Schleifen durch die Unregelmäßigkeiten des Wanderfeldes. Dadurch verändern sich die Magnetfelder in den Schleifen (L) ständig. Die Schleifen 80 arbeiten also als Generator und erzeugen Strom. *changes*

Dieser Strom wird durch die <u>Wicklungen</u> (W) der Elektromagnete geleitet. Nun erzeugt der Elektromagnet eine starke Kraft, 85 die zusammen mit dem Wanderfeld den Wagen hochhebt. Das Wanderfeld bewegt den schwebenden Wagen <u>vorwärts</u>. Eine Batterie im Wagen sorgt dafür, daß auch am Anfang der Fahrt Strom für die Elektro-90 magnete zur Verfügung steht. Durch eine elektronische Steuerung wird der Abstand zwischen Fahrweg und Wagen geregelt. Er beträgt immer einen Zentimeter.

Der Transrapid erreicht eine maximale Ge-95 schwindigkeit von 400 km pro Stunde. Das ist etwa doppelt so schnell wie schnelle Eisenbahnen.

forward

2 Fragen zum Text:
1. Was ist neuartig an dem Verkehrssystem „Transrapid"?
2. Was bezeichnet man als Stator?
3. Wie kommt es, daß die Magnetfelder den Stator entlang wandern?
4. Wie kommt es dazu, daß der Zug schwebt?
5. Wie werden die elektrischen Systeme im Transrapid mit Strom versorgt?
6. Wieso ist das Magnetfeld „unregelmäßig"?
7. Wie kommt es, daß die Leiterschleifen als Generator arbeiten?
8. Wie erhält der Zug am Anfang der Fahrt Strom?

3 Wie ist der Zusammenhang? Bilden Sie bitte Sätze, indem Sie die Konjunktionen „wenn –
dann" benutzen.

Beispiel

> Eisen/Leiterschleife – Magnetfeld ⟶
> Wenn sich Eisen in der Leiterschleife befindet, dann verstärkt sich das Magnetfeld.

1. Veränderung eines Magnetfelds in einer Leiterschleife – Entstehen einer elektrischen
   Spannung
2. Verbindung der Schleifenenden – Strom
3. Strom/Leiterschleife – Magnetfeld
4. Strom/Leiterschleife/weiches Eisen – Magnetisierung des Eisens

4 Das Präfix „ver-" hat verschiedene Bedeutungen, z.B.:

umwandeln, verändern	*zusammensetzen, zusammenfügen*	*Vorgang oder Tätigkeit mit negativem Ergebnis*
vertiefen	verbinden	sich verrechnen

Ordnen Sie bitte nach den jeweiligen Bedeutungen von „ver-".

verflüssigen	verdrahten	sich vertun
verschwinden	verzerren	verbiegen
verstellen	sich verschreiben	verkleinern
verringern	verunreinigen	verfalzen
verschrauben	verlängern	sich versprechen
verdrehen	vermischen	sich verlaufen

5 Kennen Sie das passende Verb/Substantiv?

Verb	Substantiv
montieren	Montage
	Addition
reflektieren	
magnetisieren	
	Kritik
	Telefon
	Realität
multiplizieren	
dividieren	
	Automation
	Industrialisierung
	Technisierung

6 Welche Verben passen zu welchen Substantiven?

	gehen	rollen	wandern	laufen	fliegen	schwimmen	schweben	fahren	steigen
Menschen									
Autos									
Züge									
Flugzeuge									
Raketen									
Ballons									
Transrapid									
Schiffe									
Straßenbahnen									
Fahrräder									

7 Welche Kombinationen sind möglich?

	-artig	-förmig	-ähnlich
neu-			
schleifen-			
kugel-			
gas-			
kreis-			
punkt-			
glas-			
ei-			
ring-			
leder-			
schrauben-			
scheiben-			
kristall-			
gummi-			

8 Beschreiben Sie bitte die Skizzen auf S. 75/76. Folgende Formulierungen können Ihnen dabei helfen:

Die Skizze zeigt ... *Wo?*
Die Darstellung zeigt ... oben links/rechts auf der Skizze
Die Abbildung zeigt ... unten links/rechts auf der Skizze
Die Skizze stellt ... dar. in der Mitte der Skizze
Auf der Skizze erkennt man ... im rechten/linken Teil der Skizze
Auf der Skizze ist/sind ... abgebildet. im oberen/unteren Teil der Skizze

9 In dem folgenden „Silbensalat" sind zehn Begriffe aus dem Text „versteckt". Finden Sie sie?

ei – fe – ge – gen – lei – lung – mag – ne – ne – net – nung – ra – schie – schlei – sen – span – sta – wa – wick – ter – tor – tor

10 Sie müssen beruflich/privat von Köln nach München reisen. Welches Verkehrsmittel würden Sie bevorzugen?
Diskutieren Sie bitte in Partner-/Gruppenarbeit die Vor- bzw. Nachteile von Transrapid, Flugzeug und Auto!

11 Wenn Sie noch Fragen zum Verkehrssystem „Transrapid" haben, stellen Sie diese Fragen einem „Ingenieur"/einer „Ingenieurin" aus der Klasse.

5

Aus der
Elektronik

5.1 Am Anfang der dritten industriellen Revolution

„Robby" und „Goli" gehören zu den unermüdlichsten Monteuren des Volkswagenwerks. Sechzehn Stunden täglich sind sie an den Montagebändern für den Zusammenbau des VW Golf beschäftigt. Sie arbeiten im Liegen und Stehen; sie schweißen, schrauben, schleifen und lackieren. Sie legen Kurbelwellen und Blechteile millimetergenau an die richtige Stelle, machen eintönigste und schwierigste Arbeiten, ohne je mehr Lohn zu fordern und ohne eine einzige Zigaretten- oder Kaffeepause.
Robby und Goli sind Roboter, die durch Mikroprozessoren gesteuert werden. Das „Gehirn" eines solchen Kleinrechners besteht aus einigen Zehntausend elektronischen Bauelementen, die auf einem Chip von der Größe einer halben Briefmarke untergebracht sind.
VW baut seine Roboter selbst. Der größte Teil, etwa 500, arbeitet im Werk Wolfsburg. 1990 sollen bei dem Automobilkonzern rund 2000 solcher Automaten „beschäftigt" sein.
Nicht allein die Autoindustrie wird durch die Computertechnik verändert. In allen

Ein „Robby" setzt den Vorderwagen eines VW auf

Industriezweigen rechnen und speichern Mikroprozessoren; sie kontrollieren komplizierte Produktionsvorgänge und über-
30 nehmen selbst die Steuerung und Überwachung von Großanlagen bis hin zu Atomkraftwerken. Computer sind heute die Träger des Fortschritts, die Wegbereiter der „dritten industriellen Revolution".
35 Dieser Fortschritt hilft Millionen sparen, er spart aber leider nicht nur Zeit und Geld. Allein in Wolfsburg haben die Rechner und Roboter 1000 Facharbeiter ersetzt. Ähnliche Beispiele gibt es viele. Anfang der
40 siebziger Jahre lebten fast 32 000 Beschäftigte von der Uhrenindustrie des Schwarzwalds; heute sind es nur 18 000. Früher waren zur Herstellung einer mechanischen Uhr etwa tausend Arbeitsgänge erfor-

45 derlich; eine moderne elektronische Uhr dagegen wird nur noch aus fünf Teilen montiert. 14 000 Arbeiter wurden überflüssig.

Längst sind Mikroprozessoren intelligent
50 genug, um Schreib- und Konstruktionsaufgaben zu übernehmen. Jeder zweite der insgesamt fünf Millionen Angestellten, die in der Bundesrepublik als Schreibkräfte oder Korrespondenten arbeiten, muß damit
55 rechnen, daß er binnen zwölf Jahren von einem Computer abgelöst wird.

Werden Computer in menschenleeren Fabriken und Büros uns von aller mühevollen Arbeit befreien? Werden sie schließ-
60 lich zum Glück für jedermann führen oder zur Arbeitslosigkeit von Millionen?

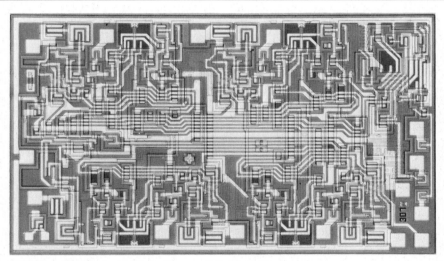

LSI-Mikro-Schaltkreis der Firma Siemens (1,7 mm × 3 mm)

1 Steht das im Text?   Ja   Nein

   1. Robby und Goli arbeiten an einem Montageband.   ○   ○

   2. Robby und Goli machen nur kurze Pausen.   ○   ○

   3. Mikroprozessoren steuern die Roboter.   ○   ○

   4. Das „Gehirn" eines Kleinrechners besteht aus einigen Zehntausend ○   ○
      Chips.

   5. Mikroprozessoren sind in der Lage, Atomkraftwerke zu steuern   ○   ○
      und zu überwachen.

   6. Durch den Einsatz von Mikroprozessoren kann die Produktion   ○   ○
      kostengünstiger gestaltet werden.

   7. Der Einsatz von Mikroprozessoren in der Industrie hat nur Vorteile. ○   ○

   8. Die Herstellung einer mechanischen Uhr ist erheblich unkomplizierter ○ ○
      als der Zusammenbau einer elektronischen Uhr.

   9. Die Arbeitsplätze von ca. 2,5 Millionen Schreibkräften und Korre- ○ ○
      spondenten sind in den nächsten 12 Jahren durch Computer bedroht.

  10. Computer sind die Wegbereiter des Fortschritts.   ○   ○

2 Suchen Sie bitte weitere Zusammensetzungen.

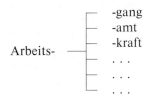

Arbeits-
- -gang
- -amt
- -kraft
- . . .
- . . .
- . . .

3 Die Roboter bauen ein Auto zusammen.
1. Robby und Goli bauen Autos an einem Montageband zusammen.
2. Die Roboter legen die Blechteile an die richtige Stelle.
3. Sie montieren dann die einzelnen Teile zusammen.
4. Sie schweißen einzelne Teile zusammen.
5. Sie schrauben Blechteile zusammen.
6. Sie bauen die Kurbelwelle ein.
7. Anschließend lackieren sie die Karosserie.
Bilden Sie Sätze zu den weiteren Arbeitsgängen.

4 Wie wird ein Auto zusammengebaut? Verwenden Sie bitte Passivkonstruktionen.
1. Autos werden an einem Montageband zusammengebaut.
2. Blechteile werden von den Robotern ...
. . .

5 Bilden Sie bitte Relativsätze nach folgendem Muster:

> Robby ist ein Roboter. Er baut Autos zusammen. ⟶
> Robby ist ein Roboter, der Autos zusammenbaut.

1. Robby ist ein Monteur. Er gehört zu den unermüdlichsten Arbeitern im VW-Werk.
2. Er ist ein Roboter. Mikroprozessoren steuern ihn.
3. Mikroprozessoren sind eine Art Gehirn. Es besteht aus vielen Tausend elektronischen Bauelementen.
4. Die Bauelemente sind auf einem Chip untergebracht. Er hat die Größe einer halben Briefmarke.
5. Robby ist ein Facharbeiter. Er macht die eintönigsten Arbeiten.
6. Er ist ein Arbeiter. Aber man braucht ihm kein Gehalt zu zahlen.

6 Ergänzen Sie bitte die Modalverben.

> sollen – brauchen – können – müssen – wollen – mögen

Ein Computer _____ zuerst programmiert werden. Dann _____ er die entsprechenden Arbeiten ausführen. Er _____ viel länger arbeiten als ein Facharbeiter. Aber er _____ natürlich nicht ununterbrochen tätig sein. Er _____ auch regelmäßige Wartung. Manche Betriebsleiter _____ gern einen Computer anschaffen, aber viele Arbeitnehmer sind dagegen, denn sie _____ durch einen Computer ihre Arbeitsplätze nicht verlieren.

7 Vervollständigen Sie bitte die Sätze, und entscheiden Sie, ob der Superlativ möglich ist.
Robby und Goli sind die (unermüdlich) _____ Arbeiter des VW-Werks. Sie machen die (eintönig) _____ und (schwierig) _____ Arbeiten. Sie legen die (entsprechend) _____ Teile an die (richtig) _____ Stelle. Sie werden von Mikroprozessoren gesteuert, die die (kompliziert) _____ Produktionsabläufe kontrollieren können. Ein Nachteil dieses (jung) _____ Fortschritts besteht aber darin, daß bei jeder Art der Produktion weniger Arbeitsgänge (erforderlich) _____ sind als früher. Auf diese Weise werden Tausende von Arbeitern absolut (überflüssig) _____. Diese Entwicklung kann zur (groß) _____ Arbeitslosigkeit aller Zeiten führen.

8 Machen Sie bitte Aussagen über Robby und Goli nach folgendem Muster:

> Pause ⟶ Sie brauchen keine Pause.
> schlafen ⟶ Sie brauchen nicht zu schlafen.

essen – Gehalt – Urlaub – zum Arzt gehen – Kaffee trinken – mit Kollegen/Kolleginnen sprechen – Wohnung – Frau – in die Kneipe gehen – Wecker – Chef

9 Formen Sie bitte die folgenden Aussagen über Robby und Goli um.
Beispiel

| Sie können im Liegen und Stehen arbeiten. ⟶ |
| Sie sind in der Lage, im Liegen und Stehen zu arbeiten. |

1. Sie können die schwierigsten Arbeiten erledigen.
2. Sie können Blechteile an die richtige Stelle legen.
3. Sie können die Teile zusammenschweißen oder -schrauben.
4. Sie können die Karosserie lackieren.

Was können Roboter noch?

10 Sie sind Mitglied der Firmenleitung und haben sich für den Kauf eines Roboters entschieden. Durch den Einsatz des Roboters werden zehn Firmenangehörige arbeitslos. Diskutieren Sie bitte mit der Belegschaft, und erklären Sie, warum Sie sich für den Einsatz des Roboters entschieden haben.

11 Sie sind Vertreter/in einer Firma, die Roboter herstellt. Gehen Sie zu einer anderen Firma, beschreiben Sie der Firmenleitung den Roboter, und versuchen Sie, einen Roboter zu verkaufen. Zeichnen Sie bitte eine Skizze des Roboters (ggf. für den Overheadprojektor).

12 Sie sind Wissenschaftler/in an einem Institut für den Bau von Robotern und haben einen neuartigen Roboter erfunden. Beschreiben und erklären Sie bitte die Funktionsweise sowie die Fähigkeiten „Ihres" Roboters.

13 Die beiden Roboter bei VW werden durch ein genau festgelegtes Programm gesteuert. Durch einen Stromausfall ist dieses Programm total durcheinandergeraten: die Roboter bauen die Autos falsch zusammen. Beschreiben Sie bitte, wie die Autos jetzt aussehen.

5.2 Dioden und Transistoren

Die zentralen Teile unserer elektronischen Geräte sind integrierte Schaltkreise (IC). Ein solcher „IC" befindet sich auf einem Chip aus Halbleitermaterial. Das wichtigste
5 davon ist Silizium (Si). Reines Silizium ist ein Kristall, das heißt, seine Atome sind regelmäßig angeordnet. Ein Siliziumatom hat vier Elektronen in seiner äußeren Schale, die in der Kristallstruktur gebunden
10 sind. Es gibt fast keine freien Elektronen, die den Strom leiten können. Reines Silizium ist daher praktisch ein Nichtleiter.

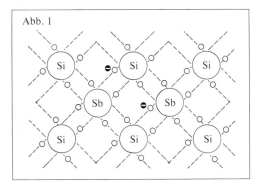
Abb. 1

Nehmen wir an, ein Fremdstoff wie Antimon (Sb) wird in den Siliziumkristall ein-
15 geführt (Abb.1). Diesen Vorgang nennen wir „dotieren". Ein Antimonatom hat fünf Elektronen in seiner äußeren Schale. Das fünfte Elektron findet keinen Platz in der Kristallstruktur und ist daher frei beweg-
20 lich. Wenn wir eine Spannung anlegen, dann wandern diese freien Elektronen zum positiven Pol. Neue Elektronen vom negativen Pol strömen in den Kristall und leiten den Strom. Dotiertes Silizium dieser
25 Art nennen wir „negativ dotiertes Silizium" oder kurz *n-Silizium*.

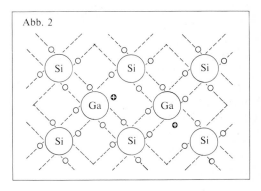
Abb. 2

Nun führen wir Gallium (Ga) in einen reinen Siliziumkristall ein (Abb. 2). Ein Galliumatom hat nur drei Elektronen in
30 seiner äußeren Schale. In diesem Fall hat jedes Galliumatom im Kristall ein Elektron zu wenig oder ein „Loch" an seiner Stelle. Legen wir eine Spannung an, dann sind die Elektronen bestrebt, zum positiven
35 Pol zu wandern.
Dabei „fallen" sie in die Löcher. Nun sind die Löcher da, wo vorher die Elektronen waren. Die Löcher wandern also zum negativen Pol und verhalten sich genau wie
40 „positive" elektrische Teilchen. Dotiertes Silizium dieser Art heißt *p-Silizium*.
Jetzt fügen wir einen n- und einen p-Halbleiterkristall zusammen und legen eine Spannung an, wie es Abb. 3 zeigt. Die freien
45 Elektronen werden vom positiven Pol angezogen und entfernen sich von der Verbindungsstelle; gleichzeitig bewegen sich die Löcher von der Verbindungsstelle weg und wandern zum negativen Pol. In der Nähe
50 der Verbindungsstelle entsteht eine Schicht ohne Elektrizitätsträger, die sogenannte „Sperrschicht". Die n-Hälfte dieser Schicht

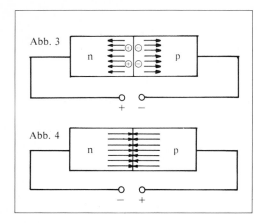

Abb. 3

Abb. 4

Die Abbildungen 5 und 6 stellen einen Schnitt durch einen kleinen Teil eines Chips dar. Er besteht aus drei Schichten, 75 einer Metallschicht (M), einer Oxidschicht (O) und einer Siliziumschicht (S). Die Oxidschicht isoliert das Metall vom Halbleiter. Die Halbleiterschicht besteht aus einer Folge von npn-Zonen. Die p-Zone in 80 der Mitte ist schwächer dotiert als die n-Zonen und enthält auch einige freie Elektronen.

Nun verbinden wir die beiden n-Zonen mit den Polen einer Batterie. Zwischen der 85 n-Zone links und der p-Zone bildet sich eine Sperrschicht, so daß praktisch kein Strom fließt (Abb. 5). Dann schließen wir einen positiven Pol an die Metallschicht an (Abb. 6). Die positiven Ladungen im Metall 90 ziehen die freien Elektronen in der p-Schicht an. Zwischen der n-Zone links und der n-Zone rechts bildet sich also ein „Kanal" von freien Elektronen. Dieser Kanal ermöglicht einen Strom zwischen 95 den n-Zonen.

Wir können also den Pol an der Metallschicht dazu verwenden, um den Strom zwischen den n-Zonen einzuschalten oder auszuschalten. Ein elektronisches Element 100 dieser Art nennt man *Transistor.* Ein Chip von der Größe einiger Quadratmillimeter kann mehrere Hunderttausend solcher Transistoren oder Dioden enthalten.

hat eine positive Ladung, die p-Hälfte eine negative Ladung. Diese Sperrschicht hält 55 die meisten Elektrizitätsträger zurück, so daß praktisch kein Strom fließt.

Nun vertauschen wir die Pole der angelegten Spannung (Abb. 4). Die freien Elektronen in der n-Zone werden vom negativen 60 Pol abgestoßen und wandern zur Verbindungsstelle; gleichzeitig nähern sich die positiven Löcher der Verbindungsstelle von der anderen Seite. Die Sperrschicht verschwindet; an der Verbindungsstelle 65 vereinigen sich Löcher und Elektronen; es fließt ein Strom.

Wir erkennen, daß ein Halbleiterkristall, der aus einer n- und einer p-Zone besteht, den Strom nur in einer Richtung leitet und 70 in der anderen sperrt. Ein solches Element nennt man *Diode.*

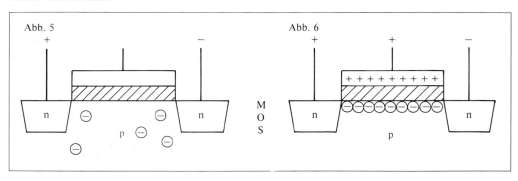

Abb. 5

Abb. 6

1 Ergänzen Sie bitte die fehlenden Wörter:
In unseren elektronischen Geräten gibt es i_____ S_____. Sie befinden sich auf einem
C_____ aus H_____. Das wichtigste dieser Art heißt S_____. Da seine A_____
regelmäßig angeordnet sind, spricht man von einem K_____.

2 Welche Angaben macht der Text über

	Siliziumatom	*Antimon*	*Gallium*
Anordnung			
Anzahl Elektronen			
frei/gebunden			
Reaktion bei Spannung			
Nichtleiter/Halbleiter			

3 Beschreiben Sie jetzt bitte den Vorgang und die Abläufe beim „Dotieren".

<u>n-Silizium</u>: Was geht hier vor sich?

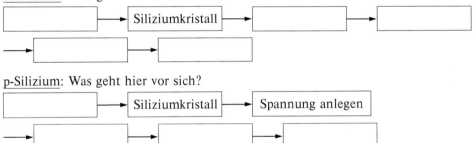

<u>p-Silizium</u>: Was geht hier vor sich?

4 Woraus besteht ein Atom? Finden Sie die entsprechenden Informationen im Text?
Notieren Sie sie bitte, und erklären Sie alles Ihrer Kollegin/Ihrem Kollegen.

5 Lesen Sie jetzt bitte in Gruppen weiter.
Gruppe I liest über Dioden, Gruppe II über Transistoren. Machen Sie Notizen zu Ihrem
Thema, und erklären Sie dann anhand der Abbildungen der anderen Gruppe, was Sie gelesen
haben. Die zuhörende Gruppe fragt jeweils nach, wenn etwas unklar ist.

6 Lesen Sie jetzt bitte den Text, den Sie vorher nicht gelesen haben, und überprüfen Sie, ob Sie
die richtigen Informationen erhalten haben.

7 Was geht hier (gleichzeitig) vor sich? Schreiben Sie bitte die Sätze zu Ende.
1. Wenn wir einen n- und einen p-Halbleiterkristall zusammenfügen und eine Spannung
anlegen, dann ...
2. Während die freien Elektronen vom positiven Pol angezogen werden, ...
3. Wenn wir die Pole der angelegten Spannung vertauschen, dann ...

4. Während die freien Elektronen zur Verbindungsstelle wandern, …
5. Wenn wir die beiden n-Zonen mit den Polen einer Batterie verbinden, …
6. Wenn wir einen positiven Pol an die Metallschicht anschließen, …

8 Wie heißt das Gegenteil zu den folgenden Wörtern aus dem Text?

Elektron	verschwinden	sich entfernen
frei	Strom leiten	Metall
abstoßen	einschalten	Nichtleiter
sich nähern	anziehen	wenig

9 Die folgenden Begriffe gibt es in der Allgemeinsprache und in der Fachsprache. Wie heißen sie im Text?

transportieren, führen

Hülle

sich von einer Stelle zu einer anderen bewegen

fließen

Stelle, an der etwas fehlt

Stelle, an der zwei Dinge zusammenkommen

eine Masse, ein Material neben/über einem anderen

bestimmte Menge, die transportiert wird

bestimmte Gegend/Stelle

Endpunkt

Gegenstand, durch den etwas fließt

10 Welches Präfix paßt?

ab-
an-
auf-
be-
gegen-
hin-
mit-   } stoßen
neben-
ver-
wider-
wieder-
zer-
zu-

Erklären Sie jetzt bitte die Wörter, die Sie gefunden haben.

11 Sind Sie eine Fachkraft auf dem Gebiet der Elektronik? Dann erklären Sie Ihren Kolleginnen/Kollegen, wo wir Dioden und Transistoren finden und wozu sie dienen.

12 Hier ist ein Vorschlag für ein Spiel, das Sie nach demselben Muster auch selbst entwerfen können. Schreiben Sie ein Wort von oben nach unten, dann von unten nach oben (unser Beispiel: Kristallstruktur). Bilden Sie Spielgruppen. Die Gruppe, die zuerst damit fertig ist, die Lücken mit sinnvollen Wörtern auszufüllen, hat gewonnen.

K.. R
R.. U
I .... T
S.. K
T.. U
A.. R
L.. T
L.. S
S.. L
T.. L
R.. A
U.. T
K.. S
T.. I
U.. R
R.. K

13 Wollen Sie noch andere Wortspiele machen?

Dann sagen Sie ein Wort, ein Kollege/eine Kollegin sagt ein neues Wort, das mit dem Endbuchstaben des vorangegangenen Wortes beginnt, und immer so weiter.

Beispiel: Gerä<u>t</u> – <u>T</u>ei<u>l</u> – <u>L</u>adung usw.

5.3 Eine Kopie in zehn Sekunden

Einen Text aus einem Buch abzuschreiben war früher die Arbeit von vielleicht einer Stunde; mit Hilfe eines Kopiergerätes erhält man heute eine Kopie des gleichen
5 Textes in wenigen Sekunden. Wie funktioniert ein solches Gerät?

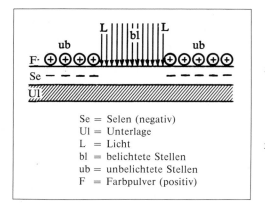

Se = Selen (negativ)
Ul = Unterlage
L = Licht
bl = belichtete Stellen
ub = unbelichtete Stellen
F = Farbpulver (positiv)

Nehmen wir an, die Seite eines Buches soll kopiert werden. Die betreffende Seite wird umgekehrt auf das Deckglas des Gerätes
10 gelegt, dann drückt man auf den Knopf, der mit „print" gekennzeichnet ist. Im Innern des Gerätes leuchtet ein Licht auf. Wie in einem Fotoapparat wird dabei das Bild durch ein System von optischen Linsen auf
15 ein sich bewegendes Band projiziert, das eine ähnliche Funktion hat wie der Film in einer Kamera. Auf diesem Band befindet sich eine dünne Schicht Selen (Se). Dieses Element besitzt eine interessante Ei-

20 genschaft: Es leitet den Strom um so besser, je stärker es belichtet wird.
Zunächst wird die Selenschicht durch eine Spannungsquelle negativ aufgeladen, erhält also einen Überschuß an Elektronen.
25 Nun wird das „Bild" des Textes auf die Selenschicht projiziert. An einigen Stellen wird die Schicht belichtet (bl), an anderen Stellen bleibt sie dunkel (ub). Die belichteten Stellen leiten nun den Strom. Deshalb
30 fließen dort die überschüssigen Elektronen zur Unterlage (Ul) ab. Diese Stellen sind nun elektrisch neutral. An den unbelichteten Stellen dagegen bleiben die negativen Ladungen (−) erhalten. Auf dem Band
35 entsteht also ein unsichtbares „elektronisches" Bild des zu kopierenden Textes.
Dieses Bild muß nun sichtbar gemacht werden. Dazu wird auf das Band ein feines, schwarzes Farbpulver gestreut, das positiv
40 (⊕) geladen ist. Da sich die negativen Ladungen auf der Selenschicht und die positiv geladenen Farbteilchen anziehen, bleibt die Farbe an den unbelichteten „dunklen" Stellen haften. Auf dem Band
45 entsteht also ein „Pulverbild". Dieses wird mit Hilfe einer Walze auf ein Blatt Papier gepreßt und dann erhitzt, damit die Farbe sich fest mit dem Papier verbindet. Die Kopie ist fertig. Schließlich wird das ganze
50 Selenband wieder negativ aufgeladen und ist somit vorbereitet, das nächste elektronische Bild aufzunehmen.

1 Ergänzen Sie bitte.

Auf diesem Band befindet sich eine _____ Schicht _____. Dieses _____ besitzt eine interessante Eigenschaft: Es leitet den Strom um so _____, je _____ es _____ wird. Zunächst ist die Selenschicht _____ geladen, hat also einen _____ an Elektronen. An den Stellen, wo der „Film" _____ und daher elektrisch _____ ist, fließen _____ von der Selenschicht zur _____ des Films. Dadurch wird die Ladung _____. An den _____ Stellen dagegen bleiben die _____ Ladungen erhalten. Auf dem Band entsteht also ein unsichtbares _____ Bild des zu kopierenden Textes.

2 Steht das im Text?

	Ja	Nein
1. Das Bild wird auf ein sich bewegendes Band projiziert.	○	○
2. Auf den optischen Linsen ist eine Selenschicht.	○	○
3. Selen leitet Strom um so schlechter, je weniger es belichtet wird.	○	○
4. Die Selenschicht hat zuerst einen Elektronenüberschuß.	○	○
5. Die Elektronen neutralisieren die Ladung der Selenschicht.	○	○
6. Die unbelichteten Stellen bleiben positiv geladen.	○	○
7. An den unbelichteten Stellen gibt es einen Elektronenmangel.	○	○
8. Das Bild kann man als Foto bezeichnen.	○	○
9. Auf das Band wird negativ geladenes Farbpulver gestreut.	○	○
10. Die Farbe bleibt an den belichteten Stellen kleben.	○	○

3 Erklären Sie bitte mit Hilfe von Relativsätzen.

Beispiel

> Drücken Sie auf den mit „print" gekennzeichneten Knopf! ⟶
> Drücken Sie auf den Knopf, der mit „print" gekennzeichnet ist!

1. Das Bild wird dabei auf ein sich bewegendes Band projiziert.
2. Die sich auf dem Band befindende Selenschicht leitet den Strom.
3. Die negativ aufgeladene Selenschicht erhält einen Überschuß an Elektronen.
4. Die belichteten Stellen leiten den Strom.
5. An den unbelichteten Stellen bleibt die Ladung erhalten.
6. Das auf die Selenschicht projizierte Bild ist ein unsichtbares „elektronisches" Bild.
7. Es entsteht ein „elektronisches" Bild des zu kopierenden Textes.
8. Das positiv geladene Farbpulver wird auf ein Band gestreut.
9. Das mit Hilfe einer Walze auf ein Blatt Papier gepreßte Pulverbild wird erhitzt.

4 Welche Wortteile passen zusammen?

Kopier-	Selen-	-teilchen	-glas
Deck-	Foto-	-apparat	-gerät
Farb-	Farb-	-bild	-kopie
Pulver-	Foto-	-schicht	-pulver

5 Finden Sie das Gegenteil zu den folgenden Wörtern aus dem Text?

früher	interessant	Überschuß	fein
gleich	besser	Inneres	anziehen
ähnlich	stärker	belichtet	dunkel
dünn	negativ	unsichtbar	erhitzen

6 Formen Sie die folgenden Sätze entsprechend dem Beispiel um:

Beispiel

> Man kann das Bild sehen. ⟶ Das Bild ist sichtbar.

1. Man kann das Bild nicht sehen.
2. Man kann die Schrift gut lesen.
3. Man kann das System kontrollieren.
4. Man kann das Bild projizieren.

Bilden Sie noch weitere Sätze.

7 Suchen Sie bitte im Text alle Wendungen mit „wird"/„werden", und notieren Sie sie.

8 Lesen Sie bitte den Text noch einmal, und erklären Sie dann jemandem, der das Gerät nicht kennt, was er/sie genau tun muß, um eine Fotokopie zu erhalten.

9 Schreiben Sie bitte eine Bedienungsanleitung für einen Kopierer.

5.4 Eine Vergrößerung von 1:10 000 000

Auf der 17. Tagung für Elektronenmikroskopie in Berlin im September 1976 wurde ein neuartiges Elektronenmikroskop vorgestellt. Ein vier Zentimeter langes Streich-
5 holz würde – unter diesem Mikroskop betrachtet – auf 400 km anwachsen, das

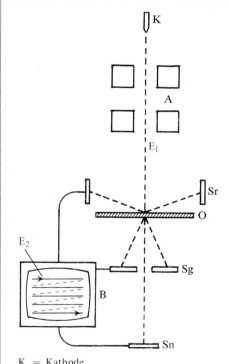

K = Kathode
A = Ablenksystem
E_1 = Elektronenstrahl
O = Objektträger mit Objekt
Sr = Sensor für reflektierte Elektronen
Sg = Sensor für gestreute Elektronen
Sn = Sensor für nicht gestreute Elektronen
B = Bildschirm
E_2 = Elektronenstrahl in der Bildröhre

ist mehr als die ganze Breite der Bundesrepublik.
Diese Vergrößerung von 1:10 000 000
10 erreicht man durch eine Kombination der Technik des Fernsehens mit der Technik der Elektronenmikroskopie. Ähnlich wie in einer Fernsehröhre wird mit Hilfe einer Kathode (K) – hier in Form einer feinen
15 Metallspitze – ein Elektronenstrahl (E_1) erzeugt. Dieser ist jedoch so dünn, daß nur ein einziges Atom in seinem Durchmesser Platz fände. Der Träger (O), auf dem sich das zu vergrößernde Objekt befindet, ist für
20 diesen Elektronenstrahl durchlässig.
Der Strahl tastet nun den Objektträger ab. Dabei bewegt er sich ähnlich wie der Elektronenstrahl über den Schirm einer Fernsehröhre. Sein Weg beginnt links oben; er
25 beschreibt eine „Zeile" aus einzelnen Punkten bis zum Eckpunkt rechts oben, beginnt dann wieder links und beschreibt ein wenig tiefer eine zweite Zeile, dann eine dritte, eine vierte und so fort. Sobald er im
30 Eckpunkt rechts unten angekommen ist, springt er zum Ausgangspunkt links oben zurück, und der Abtastvorgang beginnt von neuem.
In der Bildröhre (B) wird ein zweiter Elek-
35 tronenstrahl E_2 erzeugt, der Punkt für Punkt und Zeile für Zeile eine Leuchtfläche auf den Schirm zeichnet. Er bewegt sich völlig synchron zum Strahl E_1.
Wenn der Strahl E_1 *nicht* auf das zu vergrö-
40 ßernde Objekt trifft, dringt er durch den Objektträger und wird dahinter von einem Sensor (Sn) wieder aufgefangen. Der Aufprall der Elektronen auf dem Sensor löst ein Signal aus, das den Elektronenstrahl E_2

45 verstärkt. Auf dem Bildschirm B erscheint ein *heller* Punkt.

Wenn im nächsten Moment die Elektronen des Strahls E_1 auf das Objekt selbst treffen, werden sie gestreut oder reflektiert. Diese 50 von ihrem geraden Weg abgelenkten Elektronen werden von anderen Sensoren (Sr und Sg) aufgefangen. Sr und Sg leiten Signale zum Bildgerät, die den Elektronenstrahl E_2 unterschiedlich schwächen. Auf 55 dem Bildschirm B erscheinen entsprechend *dunklere* Punkte.

Auf dem Schirm entsteht also ein „Bild" aus hellen und dunkleren Punkten. Da die beiden Strahlen E_1 und E_2 sich völlig 60 synchron bewegen, sind diese Punkte genauso angeordnet, wie es der Form des Objektes entspricht. So läßt sich das zehnmillionenfach vergrößerte Bild eines „Gegenstandes" erzeugen, der nicht größer 65 ist als der Durchmesser einiger Moleküle.

1 Stellen Sie sich gegenseitig Fragen. Notieren Sie die Antworten, und vergleichen Sie sie mit dem Text.

A. Wie groß wäre ein 4 cm langes Streichholz unter dem Elektronenmikroskop (10 millionenfache Vergrößerung)?

B. Welche Vergrößerung ist mit dem Elektronenmikroskop möglich?

A. Wie ist die Kathode konstruiert?

B. Was erzeugt die Kathode?

A. Wie dick ist der Elektronenstrahl?

B. Welche Funktion hat der Elektronenstrahl?

A. Wodurch wird der Elektronenstrahl aufgefangen?

B. Wie entsteht ein heller Punkt auf dem Bildschirm?

A. Was geschieht mit den Elektronen, die auf das Objekt auftreffen?

B. Wie werden die hellen und dunklen Stellen auf dem Bildschirm angeordnet?

2 Steht das im Text?   Ja   Nein

1. Die Kathode hat die Form einer Metallspitze.   ○   ○

2. Der Durchmesser eines Elektronenstrahls ist gleich dem eines Atoms.   ○   ○

3. Der Objektträger ist undurchlässig.   ○   ○

4. Der Elektronenstrahl wird durch den Objektträger abgetastet.   ○   ○

5. Der Strahl wird durch Sensoren abgelenkt.   ○   ○

6. Das Signal erzeugt einen hellen Punkt auf dem Bildschirm.   ○   ○

7. Die auf das Objekt auftreffenden Elektronen werden abgelenkt.   ○   ○

8. Die gestreuten oder reflektierten Elektronen erzeugen dunkle Punkte auf dem Schirm.   ○   ○

9. Die hellen und dunklen Punkte werden beliebig gemischt.   ○   ○

10. Bilder selbst kleinster Gegenstände lassen sich so herstellen.   ○   ○

3 Finden Sie das Gegenteil zu den folgenden Wörtern aus dem Text?

neuartig	mehr	anwachsen	dünn
lang	vergrößern	dahinter	hell
unter	durchlässig	ähnlich	gerade
			einige

4 Wie gehören die Wortteile zusammen?

Elektronen-	-schirm
Fernseh-	-träger
Objekt-	-spitze
Bundes-	-röhre
Metall-	-mikroskop
Bild-	-republik

5 Finden Sie Wörter mit ähnlicher Bedeutung zu den folgenden Wörtern aus dem Text?

Tagung	erreichen
vorstellen	Kombination
betrachten	ähnlich
anwachsen	erzeugen

6 Bilden Sie bitte Sätze nach folgendem Muster:

> Mit Hilfe einer Kathode wird ein Elektronenstrahl erzeugt.

Mit Hilfe ... (Wörterbuch) ...
Mit Hilfe ... (passende Werkzeuge) ...
Finden Sie noch weitere Beispiele?

7 Beschreiben Sie bitte die Funktionsweise eines Elektronenmikroskops.
Die folgenden Begriffe helfen Ihnen dabei.

Kathode – Ablenksystem – Elektronenstrahl – Objektträger – Objekt – Sensor für reflektierte Elektronen – Sensor für gestreute Elektronen – Sensor für nicht gestreute Elektronen – Bildschirm – Elektronenstrahl in der Bildröhre

6

Aus der naturwissenschaftlichen Forschung

6.1 Die kleinsten Bausteine der Materie

Woraus besteht die Materie? Noch vor wenigen Jahrzehnten war unser Bild von ihren kleinsten Bausteinen relativ einfach: Es gibt – so glaubte man – 92 Arten von
5 Atomen und daher ebenso viele Elemente. Die Atome wiederum bestehen aus Protonen und Neutronen, die den Atomkern bilden, und den Elektronen, welche den Kern umkreisen.
10 Bald jedoch entdeckte man weitere Teilchen. Dazu gehören etwa das Neutrino oder das positive „Elektron", das man als Positron bezeichnete. Immer größer wurde die Teilchenfamilie, bis man schließlich einen
15 ganzen „Zoo" von fast hundert Arten gefunden hatte. Die schöne Einfachheit des Bildes von nur drei Bausteinen der Materie war zerstört.
Je kleiner die Teilchen sind, um so größer
20 ist die Energie, die man zu ihrer Untersuchung benötigt. Die „Teilchenbeschleu-

niger" gehören daher zu den größten Maschinen, die je gebaut wurden. Ein System von solchen Beschleunigern ist seit
25 1974 in Hamburg mit dem Deutschen Elektronen-Synchrotron (DESY) verbunden.
Ein Beschleuniger dieser Art besteht aus einem Vakuumrohr in Form eines Ringes
30 bis zu mehreren Kilometern Umfang. In diesem Rohr kreisen Elektronen (E). Durch starke Magnete (M) werden sie in der Ringbahn gehalten und durch elektrische Spannungen auf eine Geschwindigkeit von
35 fast 300 000 km pro Sekunde beschleunigt. In entgegengesetzter Richtung kreisen positive Elektronen, Positronen (P). An zwei Stellen (S) des Ringes werden die Elektronen und die Positronen aufeinan-
40 dergeschossen. Die beiden Arten von Teilchen treffen aufeinander und verwandeln sich in Energie. Aus dem Energieblitz

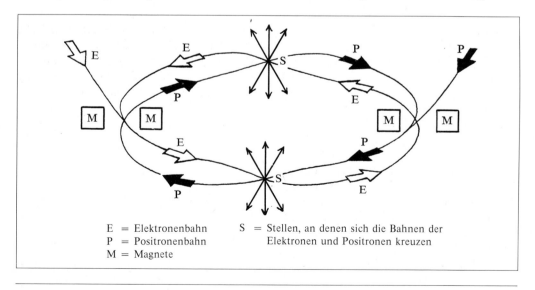

E = Elektronenbahn   S = Stellen, an denen sich die Bahnen der
P = Positronenbahn   Elektronen und Positronen kreuzen
M = Magnete

Ein Blick in den PETRA-Ringtunnel am DESY (Durchmesser 734 m), der seit 1978 in Betrieb ist. Vorne sind die Magnete sichtbar, welche die Elektronen und Positronen in einer Ringbahn halten.

entstehen eine ganze Reihe verschiedenartiger neuer Teilchen.

45 Das Ergebnis der Untersuchungen dieser Teilchen ist überraschend: Was man früher als Elementarteilchen betrachtete wie etwa die Protonen und Neutronen, besteht wiederum aus weiteren Einheiten. Die 50 Physiker gaben ihnen den Sammelnamen „Quarks". Sie treten in den unterschiedlichsten Erscheinungsformen auf. Erst die Hypothese über die Quarks – so vermutet man – führt zu den elementaren Bausteinen 55 der Materie.

1 Schreiben Sie bitte die Sätze zu Ende.
1. Ein Teilchenbeschleuniger besteht aus ...
2. Starke Magnete halten die in einem Vakuumrohr kreisenden ...
3. Die Positronen bewegen sich ...
4. Elektronen und Positronen ...
5. Durch das Aufeinandertreffen ...
6. Der Energieblitz führt zur ...

2 Was steht darüber im Text?
   1. Atome bestehen aus ...   3. Elektronen ...
   2. Protonen und Neutronen ...

3 Wie heißt das im Text?
   a) Wie ist die Materie zusammengesetzt?
   b) unsere Vorstellung von den kleinsten Bausteinen der Materie
   c) ziemlich einfach
   d) so nahm man an
   e) kurze Zeit später fand man
   f) ..., die man Positron nannte
   g) Man hatte fast hundert Teilchenarten entdeckt.
   h) Je kleiner die Teilchen sind, desto mehr Energie braucht man, um sie zu untersuchen.
   i) ein solcher Beschleuniger
   j) ein luftleeres Rohr
   k) ringförmig
   l) Starke Magnete halten die Elektronen in der Ringbahn.
   m) in umgekehrter Richtung
   n) sich kreisförmig bewegen
   o) viele unterschiedliche Teilchen

4 Stellen Sie bitte Fragen nach den unterstrichenen Satzteilen.
   1. Die Atome bestehen aus Protonen, Neutronen und Elektronen.
   2. Protonen und Neutronen bilden den Atomkern.
   3. Zu den neu entdeckten Teilchen gehören u. a. das Neutrino und das Positron.
   4. Das positive „Elektron" bezeichnet man als Positron.
   5. Zur Untersuchung der Teilchen benötigt man sehr viel Energie.
   6. Ein Teilchenbeschleuniger besteht aus einem Vakuumrohr.
   7. Die Elektronen werden durch starke Magnete in der Ringbahn gehalten.
   8. Positronen kreisen in entgegengesetzter Richtung.
   9. Elektronen und Positronen werden an zwei Stellen aufeinandergeschossen.
   10. Aus dem Energieblitz entstehen neue Teilchen.

5 Zu den Gruppen a–d paßt jeweils eins der folgenden Verben.
   Finden Sie die richtigen Kombinationen?
   1. (sich) verwandeln   3. verändern
   2. umwandeln   4. ändern
   a) einen Farbton – / die Stellung eines Schiebers – / den Geschmack einer Soße – / der Auslandsaufenthalt hat ihn – / die vielen Erlebnisse haben ihn –
   b) einen Namen – / die Richtung – / Preise – / den Wechselkurs – / die Arbeitszeiten – / die Vorschriften – / die Maßeinheiten –
   c) eine Couch in ein Bett – / die beiden Arten von Teilchen in Energie – / eine nasse Straße in eine eisglatte Fahrbahn – / ein kleiner Fluß in einen reißenden Strom – / Holz in Kohle –
   d) Wärmeenergie in Arbeit – / Gleichstrom in Wechselstrom – / mechanische Energie in elektrische Energie – / potentielle Energie in kinetische Energie –

6 Vervollständigen Sie bitte die folgenden Sätze, indem Sie die passende Präposition ergänzen.

> in – auf – aus

1. Er besteht _____ seinem Recht.
2. Unterschiede bestehen _____ der Ladung der Teilchen.
3. Ein Atom besteht _____ Teilchen.
4. Das Problem besteht dar_____, daß …
5. Ich bestehe dar_____, daß …
6. Wor_____ besteht ein Teilchenbeschleuniger?

Finden Sie weitere Beispiele?

7 Das Präfix „um-" bei einem Verb kann u.a. bedeuten:
1. um etwas herum
2. etwas verändern

Ordnen Sie bitte die Verben nach den Bedeutungen 1 und 2:

umkreisen	umarbeiten	umdrehen
umändern	umfassen	umgeben
umrunden	umströmen	umbiegen
umfließen	umgehen	umfüllen
umbauen	umziehen	umwandeln

8 Erklären Sie bitte nach folgendem Muster.

> ringförmig ⟶ Eine Sache, die ringförmig ist, hat die Form eines Ringes.

kugelförmig	ellipsenförmig
spiralförmig	trichterförmig
schraubenförmig	bogenförmig
eiförmig	winkelförmig

9 Machen Sie bitte eine Tabelle (siehe unten), und tragen Sie die folgenden Ausdrücke entsprechend ein.

> fast 100 – gut 100 – ungefähr 100 – etwa 100 – knapp 100 – an die 100 – um die 100 –
> bis zu 100 – über 100 – unter 100 – nahezu 100 – beinahe 100 – kaum 100

weniger als 100	ca. 100	mehr als 100
fast 100		

10 Was ist das? Versuchen Sie bitte, Definitionen zu finden.

> Molekül – Atom – Teilchen – Proton – Neutron – Elektron

Vielleicht hilft Ihnen ein Lexikon.

6.2 Messer aus Licht

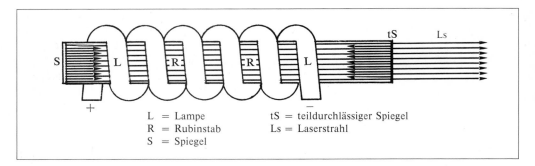

L = Lampe   tS = teildurchlässiger Spiegel
R = Rubinstab   Ls = Laserstrahl
S = Spiegel

Wie kann man ein Auge im Innern operieren, ohne es zu zerstören? Seit kurzem besitzt die Medizin das Instrument, welches hierzu nötig ist: ein Messer aus Licht, den
5 sogenannten „Laser".

Ein einfacher Laser besteht aus einem Stab (R) aus Aluminiumoxid, dem etwas Chrom beigemischt ist. Diesen roten, transparenten Stoff bezeichnet man als Rubin. Die
10 beiden Enden des Stabes sind durch zwei Spiegel begrenzt. Einer der Spiegel (tS) ist teildurchlässig, das heißt, daß ein Teil des Lichtes ihn durchdringen kann. Dieser Rubinstab wird von einer Lampe (L)
15 bestrahlt, die ein starkes grünes Licht aussendet.

Angenommen, ein „grünes" Lichtquant (ein Photon) von der Lampe trifft auf ein Atom des Rubinstabs. Ein Elektron dieses
20 Atoms absorbiert das Photon und speichert seine Energie. Dabei „springt" das Elektron auf eine höhere Bahn. Nach einer gewissen Zeit fällt es um eine Stufe zurück. Dabei gibt das Elektron einen Teil der aufgenom-
25 menen Energie als „rotes" Photon wieder ab. Das Elektron springt nicht sofort auf die ursprüngliche Bahn zurück, sondern in zwei Stufen.

Nehmen wir weiter an, ein solches „rotes"
30 Photon trifft auf ein Elektron, das ebenfalls ein „grünes" Lichtquant absorbiert hat. Sofort gibt auch dieses Elektron ein „rotes" Photon ab, und nun wandern *beide* Photonen „Hand in Hand" zusammen weiter –
35 mit genau derselben Schwingung und in genau dieselbe Richtung. Die zwei Photonen treffen auf andere Atome (A_3 und A_4), die Lichtquanten gespeichert haben, und wiederum werden Photonen frei, die sich
40 den ersten anschließen. Durch die beiden

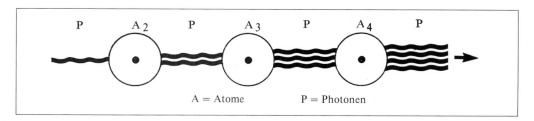

A = Atome   P = Photonen

Spiegel werden sie viele Millionen mal im Rubinstab hin- und herflektiert. Diese wie disziplinierte Soldaten in „gleichem Schritt" marschierenden Photonen neh-
45 men auf ihrem Weg immer mehr „Kameraden" mit; so entsteht ein intensiver Strahl einfarbigen, scharf gebündelten Lichts, der durch den teildurchlässigen Spiegel als Laserstrahl (Ls) aus dem Rubinstab
50 schießt.

Laserstrahlen dienen als Träger von Energie und Information. Mit Hilfe von Linsen kann man sie auf Durchmesser von einem Hunderttausendstel Zentimeter konzen-
55 trieren. Dadurch entstehen Strahlen von einer solchen Energiedichte, daß man damit die härtesten Stoffe wie Stahl und Diamanten, aber auch Organe des menschlichen Körpers mit höchster Präzision durchbohren und schneiden kann. Wie gewöhnliches Licht dringen sie durch unsere Sehlinsen, ohne sie zu schädigen, und erlauben Operationen sogar im Innern der Augen.

Rechnergesteuertes Metallschneidegerät, das mit Laser arbeitet

1 Wie sieht ein Laser aus? Erklären Sie ihn bitte Ihren Kollegen/Kolleginnen anhand der Zeichnung auf S. 104.

2 Vervollständigen Sie bitte die Beschreibung eines Lasers, indem Sie die folgenden Wörter an der richtigen Stelle einsetzen.

> Rubinstab – Licht – Lampe – Spiegel – Stab – Spiegel – Rubin – Chrom – Stab – Aluminiumoxid – Licht

Ein Laser besteht aus einem _____ aus _____ und _____. Der rote transparente Stoff heißt _____. Die Enden des _____ sind durch 2 _____ begrenzt. Einer der _____ ist teildurchlässig.
Dadurch kann ihn _____ durchdringen. Der _____ wird von einer _____ bestrahlt, die ein grünes _____ aussendet.

3 Beschreiben Sie bitte mit Hilfe der Stichwörter die Funktionsweise eines Lasers.
- Auftreffen eines „grünen" Photons auf ein Atom des Rubinstabs
- Absorbierung des Photons durch ein Elektron des Atoms
- Speicherung der Energie des Photons
- Springen des Elektrons auf eine höhere Bahn
- Zurückfallen des Elektrons um eine Stufe
- Abgabe von Energie als „rotes" Photon
- Auftreffen eines „roten" Photons auf ein weiteres Elektron
- Abgabe eines „roten" Photons
- Auftreffen der zwei Photone auf andere Atome
- Freiwerden von weiteren Photonen

4 Verbinden Sie die folgenden Sätze mit einem Relativpronomen.

Beispiel

Der Rubinstab wird von einer Lampe bestrahlt. Diese Lampe sendet ein starkes grünes Licht aus. ⟶
Der Rubinstab wird von einer Lampe bestrahlt, die ein starkes grünes Licht aussendet.

1. Ein „rotes" Photon trifft auf ein Elektron. Dieses Elektron hat ebenfalls ein „grünes" Lichtquant absorbiert.
2. Die zwei Photonen treffen auf andere Atome. Diese Atome haben Lichtquanten gespeichert.
3. Es werden Photonen frei. Diese Photonen schließen sich den ersten an.
4. Es entsteht ein intensiver Strahl einfarbigen, scharf gebündelten Lichts. Dieser Strahl schießt durch den teildurchlässigen Spiegel als Laser aus dem Rubinstab.

5 Welche Folgen, welche Wirkungen zeigen sich? Schreiben Sie bitte die Sätze zu Ende.
1. Der Photonenstrahl hat eine solche Schärfe, daß ...
2. Der Laserstrahl hat eine solche Präzision, daß ...
3. Das Laserverfahren bedeutet einen solchen Fortschritt, daß ...
4. Eine normale Operation ist eine solche Belastung für den Körper, daß ...
Finden Sie noch weitere Beispiele? Bitten Sie dann Ihre Kollegen/Kolleginnen, die Beispiele zu vervollständigen.

6 Schreiben Sie bitte die folgenden Sätze zu Ende.
1. Wegen der Durchlässigkeit des Spiegels ...
2. Beim Auftreffen eines Photons auf ein Atom des Rubinstabs ...
3. Nach dem Zurückfallen des Elektrons um eine Stufe ...
4. Bei der Reflektierung der Photonen durch die Spiegel ...
5. Durch die Konzentration des Laserstrahls auf einen Durchmesser von einem Hunderttausendstel Zentimeter ...

7 Schreiben Sie jetzt bitte die Sätze um, indem Sie Konjunktionen verwenden. Dabei wird:

wegen ⟶ weil	nach ⟶ nachdem	durch ⟶ { dadurch, daß
bei ⟶ wenn	zu ⟶ um ... zu	{ indem

8 Mit einem Präfix ändert sich die Bedeutung von „geben". Erläutern Sie die Bedeutung mit Hilfe von Beispielen.

abgeben – aufgeben – angeben – ausgeben – beigeben – hergeben – nachgeben – umgeben – vergeben – weggeben – weitergeben – zugeben – zurückgeben

9 Erinnern Sie sich noch? Ergänzen Sie bitte die Präpositionen.
Laserstrahlen dienen unter anderem als Träger _____ Energie. _____ Hilfe _____ Linsen kann man sie _____ Durchmesser _____ einem Hunderttausendstel Zentimeter konzentrieren. Dadurch entstehen Strahlen _____ einer solchen Energiedichte, daß man damit die härtesten Stoffe wie Stahl und Diamanten, aber auch Organe des menschlichen Körpers _____ höchster Präzision durchbohren und schneiden kann. Wie gewöhnliches Licht dringen sie _____ unsere Sehlinsen, ohne sie zu schädigen, und erlauben Operationen sogar _____ Innern der Augen.

10 Können Sie Bruchteile ausdrücken? Hier ein paar Beispiele:

der 100.000. Teil = 1 Hunderttausendstel
der   20. Teil = 1 Zwanzigstel
der   10. Teil = 1 Zehntel

Nennen Sie jetzt andere Zahlen, und lassen Sie Ihre Kollegen/Kolleginnen den x-ten Teil nach obigem Muster ausdrücken.

11 Sie haben Probleme mit Ihren Augen. Sie sehen nicht so gut, die Netzhaut an einem Auge hat ein Loch, und es besteht die Gefahr einer Netzhautablösung. In diesem Fall kann eine Behandlung ambulant mit Laserstrahl durchgeführt werden.
Lassen Sie sich das Prinzip vom Arzt/von der Ärztin (= Kollege/Kollegin) erklären – z. B. mit Worten, vielleicht auch mit einer Zeichnung –, und stellen Sie Fragen, wenn Sie etwas nicht verstehen.

12 Sie arbeiten als Arzt/Ärztin in einem Krankenhaus, Ihr/e Chef/in will die Laseroperation einführen. Führen Sie mit ihm/ihr ein Gespräch über Vorteile und Schwierigkeiten bei dieser Behandlung.

13 Überlegen Sie nun einmal in Gruppen, in welchen Fällen/bei welchen Organen eine Operation mit Laser angezeigt wäre. Begründen Sie bitte Ihre Entscheidung.

6.3 Leben auf dem Mars?

Gibt es Leben auf anderen Planeten? Im Sommer 1976 landeten auf dem Mars die ersten biologischen Laboratorien, deren Aufgabe es war, diese interessante Frage zu
5 klären.

Betrachten wir zunächst den Stoffwechsel einer grünen Pflanze. Aus der Luft nimmt die Pflanze Kohlendioxid (CO_2) auf, aus dem Boden das Wasser (H_2O). Mit Hilfe des
10 Sonnenlichts bildet sie daraus Zucker ($C_6H_{12}O_6$) und andere organische Verbindungen und gibt dabei Sauerstoff (O_2) ab:

$$6\,CO_2 + 6\,H_2O + Licht \longrightarrow C_6H_{12}O_6 + 6\,O_2$$

Diese und ähnliche Vorgänge bezeichnet
15 man als Photosynthese. Ohne sie wäre vermutlich kein Leben im Weltall möglich. Gibt es nun außer der Erde noch andere Himmelskörper, auf denen dieser Prozeß abläuft? Die Antwort auf diese Frage zu
20 finden, das erhoffte man sich von den automatischen Laboratorien wie den Viking-Sonden auf dem Mars.

An Bord der Sonde befindet sich ein kleiner Behälter. Eine Bodenprobe (B) wird ein-
25 gefüllt und neben Wasserdampf etwas radioaktives Kohlendioxid-Gas zugefügt. Eine Xenonlampe (X), die die Sonne ersetzt, bestrahlt die Probe fünf Tage lang. Befinden sich lebende Zellen in dem unter-
30 suchten Material, dann müßten diese auch einen Teil des radioaktiven CO_2 auf-nehmen. Nach fünf Tagen wird der Rest des Kohlendioxid-Gases aus dem Behälter ent-fernt, der Behälter wieder geschlossen und
35 die Bodenprobe auf 625 °C erhitzt. Die hohe

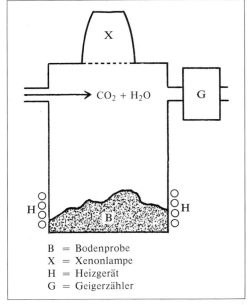

B = Bodenprobe
X = Xenonlampe
H = Heizgerät
G = Geigerzähler

Temperatur würde die lebenden Zellen zerstören und alle organischen Substanzen wieder in Gas verwandeln. Falls also lebende Zellen vorhanden waren, wird
40 dieses Gas auch den radioaktiven Kohlen-stoff enthalten, welchen die Zellen vorher aufgenommen hatten. Das Gas wird durch einen Geigerzähler (G) geleitet, der die Radioaktivität mißt. Die Ergebnisse werden
45 an einen Sender übermittelt, der diese schließlich zur Erde funkt.

Das Ergebnis des Experiments war negativ; man entdeckte kein Leben auf dem Mars. Oder gibt es vielleicht Leben an Stellen des
50 Planeten, die bisher nicht untersucht wurden?

1 Ergänzen Sie bitte die folgenden Angaben für den Stoffwechsel einer grünen Pflanze.
Aufnahme von ...   Bildung von ...
Aufnahme von ...   Abgabe von ...

2 Ergänzen Sie bitte die folgende Darstellung des Experiments.
Eine Bodenprobe wird in einen kleinen _____ gefüllt, der sich an Bord der Sonde befindet. Dieser Probe wird etwas radioaktives _____ zugefügt. Mit einer _____ wird die Probe fünf Tage lang bestrahlt. Wenn sich _____ Zellen in der untersuchten Probe befinden, müßten diese einen Teil des radioaktiven CO_2 _____. Der Rest des Kohlendioxid-Gases wird nach fünf Tagen aus dem Behälter _____. Der Behälter wird wieder geschlossen, und die Bodenprobe wird auf 625°C _____. Die lebenden Zellen würden durch die hohe Temperatur _____ und alle _____ Substanzen würden in _____ verwandelt. Wenn lebende _____ vorhanden waren, wird dieses Gas auch den radioaktiven _____ enthalten, den die Zellen vorher _____ hatten. Das Gas wird durch einen _____ geleitet, der die Radioaktivität _____. Die Ergebnisse werden an einen Sender _____, der diese schließlich zur Erde _____.

3 Fragen zum Text:
1. Welchen Vorgang bezeichnet man als Photosynthese?
2. Was erhoffte man sich von dem Experiment mit dem automatischen Laboratorium?
3. Wozu brauchte man die Xenonlampe?
4. Warum wurde die Bodenprobe erhitzt?
5. Wie wurde die Radioaktivität des Gases gemessen?
6. Wie wurden die Ergebnisse des Experiments zur Erde übermittelt?
7. Gibt es Leben auf dem Mars?

4 Was wird mit der Bodenprobe gemacht? Bilden Sie bitte Sätze nach folgendem Muster:

Bodenprobe / Behälter / einfüllen ⟶
Die Bodenprobe wird in einen Behälter eingefüllt.

---

radioaktives Kohlendioxid-Gas / zufügen   Bodenprobe / erhitzen
Probe / Xenonlampe / bestrahlen   Gas / Geigerzähler / leiten
Rest des Gases / Behälter / entfernen   Ergebnisse / Sender / übermitteln
Behälter / schließen   Ergebnisse / Erde / funken

5 Welche Kombinationen sind möglich?

	decken	finden	fügen	füllen	geben	halten	hoffen	laufen	nehmen	setzen	stören	strahlen	suchen	wandeln	zeichnen
ab-															
auf-															
be-															
ein-															
ent-															
er-															
unter-															
zer-															
zu-															

6 Was bedeutet das im Text?

1. eine Frage klären
   - a) eine Frage beantworten
   - b) eine Frage stellen
   - c) eine Frage aufwerfen
2. zunächst
   - a) zuerst
   - b) in der Nähe
   - c) dann
3. bilden
   - a) formen
   - b) produzieren
   - c) verbinden
4. vermutlich
   - a) wahrscheinlich
   - b) sicher
   - c) bestimmt
5. zufügen
   - a) hinzugeben
   - b) wegnehmen
   - c) umformen
6. vorhanden sein
   - a) nicht da sein
   - b) weg sein
   - c) da sein
7. übermitteln
   - a) vermitteln
   - b) weiterleiten
   - c) ermitteln
8. entdecken
   - a) versuchen
   - b) suchen
   - c) finden

7 Die folgenden Sätze lassen sich auch mit anderen Worten sagen; z. B.:

Beispiel

> Im Sommer 1976 landeten auf dem Mars die ersten biologischen Laboratorien,
> deren Aufgabe es war, diese interessante Frage zu klären. ⟶
> Im Sommer 1976 landeten auf dem Mars die ersten biologischen Laboratorien,
> die diese interessante Frage beantworten sollten.

1. Betrachten wir zunächst den Stoffwechsel einer grünen Pflanze.
2. Diese und ähnliche Vorgänge bezeichnet man als Photosynthese.
3. Ohne die Photosynthese wäre vermutlich kein Leben im Weltall möglich.
4. Man entdeckte kein Leben auf dem Mars.
5. Oder gibt es vielleicht Leben an Stellen des Planeten, die bisher nicht untersucht wurden?

8 Wie wäre das Experiment verlaufen, wenn lebende Zellen in der Bodenprobe gewesen wären?
Beschreiben Sie bitte den Verlauf des Experiments mit einem *positiven* Ergebnis.

7

Aus Architektur und Bauwesen

7.1 Beton – Stahlbeton – Spannbeton

1 Welche Roh- und Werkstoffe für den Bau kennen Sie?

Rohstoffe	*Werkstoffe*
Wasser	Beton
Sand	Stahl
Kies	…
…	

2 Was meinen Sie?

1. Beton ist eine Mischung aus   a) Sand, Kies, Zement, Wasser.
                                                b) Zuschlagstoffen, Sand, Kies.
                                                c) Zement, Wasser, Zuschlagstoffen.

2. Beton   a) härtet innerhalb von genau 4 Wochen.
                                               b) härtet nach Ablauf von 28 Tagen.
                                               c) härtet innerhalb von ca. 4 Wochen.

3. Beton   a) hat eine hohe Druckfestigkeit.
                                               b) hat eine hohe Zugfestigkeit.

3 Lesen Sie jetzt bitte schnell den Text bis Zeile 10, und vergleichen Sie, ob Sie recht hatten.

Text

Ohne Beton wäre die moderne Baukunst nicht denkbar. Beton ist eine Mischung aus Zement, Wasser und Zuschlagstoffen wie Sand und Kies, die im Laufe von etwa 5 28 Tagen härtet und einen festen Baustoff bildet.

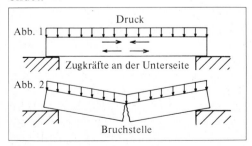

Abb. 1   Druck   Zugkräfte an der Unterseite
Abb. 2   Bruchstelle

Beton läßt sich in beliebige Formen gießen. Er hat eine hohe Druckfestigkeit, doch seine Zugfestigkeit ist leider gering. Dies 10 zeigen die Abbildungen 1 und 2.

Im oberen Teil des Betonträgers entstehen Druckkräfte, im unteren Teil Zugkräfte. Die Druckkräfte schaden dem Bauteil nicht, doch die Zugkräfte reißen den Träger 15 auf. Er bricht und stürzt ein.

Wie kann man die Zugfestigkeit des Betons erhöhen? Zu diesem Zweck werden Stahlstäbe an den Stellen des Trägers eingefügt, wo die Zugkräfte am stärksten sind. Die 20 Zugfestigkeit von Stahl ist zwanzigmal größer als die von Beton. Auch jetzt können

Risse in den Zugzonen entstehen, doch der Stahl verhindert ein Brechen des Trägers (Abb. 3).

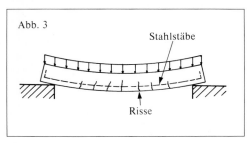

Abb. 3

Stahlstäbe

Risse

25 Die Festigkeit eines Bauteils aus Beton läßt sich jedoch noch weiter erhöhen. Dies geschieht durch das sogenannte „Vorspannen". Der Teil des Balkens, in dem später die größten Zugkräfte herrschen, wird vor
30 der Belastung komprimiert, das heißt, der eingebaute Spannstahl wird gegen den Träger gespannt, so daß dort Druckkräfte entstehen. Diese gleichen während der Belastung die Zugkräfte aus, die Summe der
35 Kräfte ist null, und die Zugspannung verschwindet (Abb. 4 und 5).

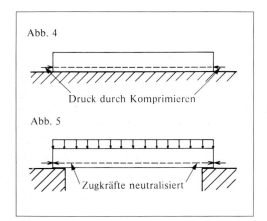

Abb. 4

Druck durch Komprimieren

Abb. 5

Zugkräfte neutralisiert

Diese Vorspannung erreicht man durch Einlegen und Spannen von Stahlstäben bzw. Stahldrähten. Es gibt zwei verschie-
40 dene Methoden der Vorspannung. Die erste Methode wird im Betonwerk angewendet, wo man die Betonteile herstellt (Abb. 6 und 7), die zweite am Bau (Abb. 8 bis 10).

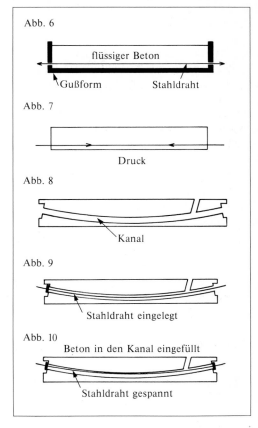

Abb. 6

flüssiger Beton

Gußform   Stahldraht

Abb. 7

Druck

Abb. 8

Kanal

Abb. 9

Stahldraht eingelegt

Abb. 10

Beton in den Kanal eingefüllt

Stahldraht gespannt

Im ersten Fall legt man die Stahldrähte in
45 die Schalung, wie es Abb. 6 zeigt. Der flüssige Beton wird eingefüllt, und die Drähte werden gespannt. Wenn der Beton hart ist, löst man die Spannung der Stahldrähte. Der Stahl ist bestrebt, sich auf die ursprüngliche
50 Länge zusammenzuziehen. Dadurch wird Druck auf den unteren Teil des Betonträgers ausgeübt.
Im zweiten Fall wird der Bauteil erst gespannt, nachdem der Beton erhärtet ist.
55 In einen „Kanal" wird ein Stahldraht gelegt (Abb. 9), gespannt und an den Enden des Kanals in gespanntem Zustand befestigt

(Abb. 10). Schließlich wird der Kanal mit flüssigem Beton ausgefüllt.

60 Diese Vorspannung erfordert eine hohe Qualität der Werkstoffe, doch sie ermöglicht eine große Ersparnis an Beton und Stahl und damit wesentlich leichtere Baukörper.

4 Was meinen Sie?
1. Welche Vor- und Nachteile hat Beton?
2. Was kann man tun, um die Vorteile auszunutzen und die Nachteile zu verringern?
3. Wie kann man das machen?

5 Die folgenden Sätze sind eine Art Zusammenfassung des Textes.
a) Zu jedem Satz paßt eine der Skizzen im Text. Finden Sie heraus, welche paßt.
b) Ordnen Sie dann die Sätze, und erzählen Sie Ihrem Kollegen/Ihrer Kollegin den Inhalt des Textes mit Hilfe der Skizzen.

	Skizze Nr.
1. Durch den „Kanal" wird ein Stahldraht gelegt.	...
2. Beton hat eine geringe Zugfestigkeit.	...
3. Druck- und Zugkräfte gleichen die Spannung aus; die Zugspannung verschwindet.	...
4. Im Beton wird ein „Kanal" belassen.	...
5. Die Drähte ziehen sich zusammen und komprimieren den unteren Teil des Betonträgers.	...
6. Durch Vorspannen läßt sich die Festigkeit weiter erhöhen.	...
7. Vor Einfüllen des Betons wird ein Stahlstab gespannt und befestigt.	...
8. Stahldrähte werden in die Schalung eingelegt und gespannt, bevor der flüssige Beton eingefüllt wird.	...
9. Beton hat eine hohe Druckfestigkeit.	...
10. Dort, wo die Zugkräfte am größten sind, werden Stahlstäbe eingefügt.	...

6 In der geschriebenen und auch in der Fachsprache werden häufig Wendungen mit Präposition und Substantiv verwendet, in der gesprochenen Sprache drückt man dieselben Inhalte oft mit Konjunktionen aus. Versuchen Sie das mal, indem Sie Ihren Kollegen/Kolleginnen den Text erzählen.

vor ⟶ bevor	nach ⟶ nachdem
während ⟶ während	durch ⟶ indem
Verb + Akk. ⟶ Verb + daß	Subst. + Gen. = Subst. ⟶ um ... zu

7 Wie läßt sich die Festigkeit des Betons erhöhen? Formen Sie die folgenden Sätze zu diesem Thema um.

Beispiel

> Dort, wo die Zugkräfte am größten sind, wird die Festigkeit <u>durch Einfügen</u> von Stahlstäben verstärkt.   ——►
> Dort, wo die Zugkräfte am größten sind, wird die Festigkeit dadurch verstärkt, daß Stahlstäbe eingefügt werden.

1. Risse können auch jetzt noch auftreten, doch der Stahl verhindert <u>ein Brechen des Trägers</u>.
2. Die Festigkeit des Betons wird <u>durch das „Vorspannen"</u> erhöht.
3. Der Teil des Balkens, in dem später die größten Zugkräfte herrschen, wird <u>vor der Belastung</u> komprimiert.
4. <u>Während der Belastung</u> des Balkens gleichen die Druckkräfte die Zugkräfte aus.

8 Vervollständigen Sie bitte die folgenden Sätze, indem Sie die in Klammern angegebenen Verben entweder im Aktiv (evtl. reflexiv) oder im Passiv verwenden.
1. Stahldrähte in die Schalung (legen).
2. Flüssiger Beton in die Schalung (einfüllen).
3. Die Stahldrähte wollen auf die ursprüngliche Länge (zusammenziehen).
4. Nachdem der Beton erhärtet ist, der Bauteil (spannen).
5. Durch einen „Kanal" einen Stahlstab (legen) und (spannen).
6. Der Stahlstab an den Enden des Kanals in gespanntem Zustand (befestigen).
7. Der Kanal mit flüssigem Beton (ausfüllen).

9 Welche Substantive kann man zusammensetzen?

Bau
Beton
Druck
Stahl
Zug

Was bedeuten die zusammengesetzten Substantive, die Sie gefunden haben?

10 Vervollständigen Sie bitte die Tabelle.

Substantiv	Adjektiv	Verb
Härte	hart	härten
	fest	
Bau		
		erhöhen
	stark	
	flüssig	
		neutralisieren
		einfüllen
Länge		
		lösen

11 Erklären Sie bitte Ihrer Kollegin/Ihrem Kollegen die Abbildungen auf S. 114/115. Nehmen Sie dabei die folgenden Ortsangaben zu Hilfe, zunächst als Adverbien. Anschließend kann Ihnen Ihre Kollegin/Ihr Kollege dasselbe noch einmal mit Adjektiven erklären.

Adverb (adverbiale Bestimmung)	mit Adjektiv
rechts	im rechten Teil
links	im linken Teil
oben	im oberen Teil
unten	im unteren Teil
in der Mitte	im mittleren Teil
hinten	im hinteren Teil
vorn(e)	im vorderen Teil
rechts oben	im rechten oberen Teil
links vorne	im linken vorderen Teil

Vielleicht haben Sie in Ihrem Klassenzimmer irgendein Bild. Versuchen Sie gemeinsam eine Bildbeschreibung mit den obigen Ortsangaben.

7.2 *Bauen und Heben im Takt*

1 Welche Teile / Elemente braucht man, um ein Haus zu bauen?
Hier ein paar Hilfen:

> Aufzug, Boden, Decke, Fassade, Fenster, Flachdach, Fundament, Keller,
> Kelleraußenwand, Sanitärraum, Stütze, Treppe, Wand

2 Beschriften Sie jetzt bitte die Skizzen. Die Ziffern in den beiden Skizzen haben jeweils dieselbe Bedeutung.

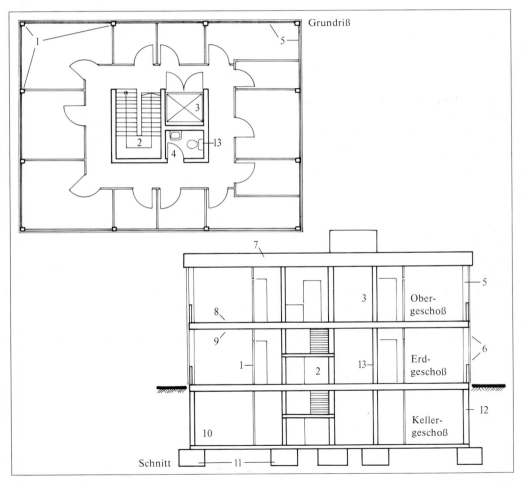

Text

1970 gab die Firma BMW (Bayerische Motorenwerke) in München den Bau eines Verwaltungsgebäudes in der Nähe des Olympiastadions in Auftrag. Es sollte die
5 Arbeitsplätze von etwa 2000 Personen aufnehmen und so rationell und vor allem so schnell wie möglich errichtet werden. Die Bauzeit durfte 26 Monate nicht überschrei-

ten, das waren fünf bis sechs Monate weni-
10 ger als die Bauzeit vergleichbarer Objekte. Die Architekten entschlossen sich zu einem ungewöhnlichen, neuartigen Bauverfahren. Diese Methode ist heute unter dem Namen „Takthubverfahren" bekannt.
15 Dabei werden die einzelnen Geschoßdecken oder sogar ganze Geschosse eines Hochhauses am Boden fertiggestellt und dann nacheinander „im Takt" der Fertigstellung in die Höhe gezogen, bis sie in
20 ihrer endgültigen Lage sind. Die Bauabschnitte waren folgende:

1. Zuerst legte man wie bei jedem Bau das Fundament (F). Über dem Fundament wurden die Kellergeschosse (Ke) und die
25 Kellerdecke errichtet.

2. Die Kellerdecke bildete die Plattform für die Errichtung des turmförmigen Gebäudekerns (G) aus Stahlbeton, der die Treppen, Aufzüge, Wasserleitungen
30 usw. aufnahm.

3. Am Kopf (Ko) des Gebäudekerns wurde nun das Trägerkreuz (Tr) angebracht, dessen vier „Arme" (A) seitlich über die Turmwände hinausragten. Dann baute
35 man auf den Armen die Hubvorrichtung (Hv) ein und montierte die Hubstäbe (Hs). Diese bildeten vier Bündel von je 106 Einzelstäben. Jeder hatte einen Durchmesser von 32 mm.
40 4. Inzwischen begann man auf der Kellerdecke bereits mit dem Bau des „Technikgeschosses" (Te) und der sieben darüberliegenden Bürogeschosse (B). Alle Geschosse wurden an den Hubstäben
45 befestigt.

5. Nun wurde der gesamte Block von acht Geschossen um die Höhe eines Stockwerks nach oben gezogen. Dazu verwendete man 36 hydraulische Hubpressen,
50 von denen jeweils neun auf den einzel-

F = Fundament
Ke = Kellergeschosse
G = Gebäudekern
Ko = Kopf
Tr = Trägerkreuz
A = Arme
Hv = Hubvorrichtung (je neun Hubpressen)
Hs = Hubstäbe
Te = Technikgeschoß
B = Bürogeschosse

nen Armen des Trägerkreuzes standen.

6. Jetzt war der Raum über der Kellerdecke wieder frei, und man konnte dort ein weiteres Geschoß fertigstellen. Sobald diese Arbeit abgeschlossen war, wurde der ganze Block von neun Stockwerken wieder um die Höhe eines Geschosses hochgezogen.

7. Dieser Vorgang wiederholte sich neunmal. Schließlich war auch das unterste und letzte Stockwerk fertig. Der Block bestand jetzt aus 19 Stockwerken und hatte ein Gewicht von 12 000 Tonnen.

8. Mit einem letzten Hub von 14 m wurden alle Geschosse gemeinsam in ihre endgültige Lage gebracht.

BMW-Verwaltungshochhaus im Takthubverfahren errichtet

Dieses Takthubverfahren erwies sich als sehr rationell. Alle Geschosse einschließlich ihrer Aluminiumfassaden mit den 70 Fenstern konnten auf der Kellerdecke fertiggestellt werden; man brauchte keine hohen und teuren Gerüste für die oberen Stockwerke und ersparte den zeitraubenden Transport des Baumaterials und der Bau-75 teile in große Höhen. Noch während man die Geschosse Schritt für Schritt in die Höhe zog, konnten die Handwerker, geschützt vor Regen und Kälte, den Innenausbau durchführen.

80 Rechtzeitig zu den Olympischen Spielen in München im August 1972 war das „Hängehaus" beim Olympiastadion fertig.

3 Wie ist der Ablauf beim Takthubverfahren? Können Sie zusammen mit Ihrem Kollegen/ Ihrer Kollegin ein Ablaufschema erstellen?

4 Dieses Schema hilft Ihnen dann auch, die folgenden Sätze in die richtige Reihenfolge zu bringen.
1. Auf der Kellerdecke wurden Technikgeschoß und Bürogeschosse gebaut.   Nr. ...
2. Mit Hubpressen wurden die Geschosse nach oben gezogen.   Nr. ...
3. Auf der Kellerdecke wurde der Gebäudekern errichtet.   Nr. ...
4. Wie üblich, wurde der Bau mit dem Fundament begonnen.   Nr. ...
5. Über der Kellerdecke wurde ein Geschoß fertiggestellt und nach oben gezogen.   Nr. ...
6. Oben am Gebäudekern ragten vier Arme seitlich über die Turmwände hinaus.   Nr. ...
7. Auf den Armen wurde eine Hubvorrichtung eingerichtet.   Nr. ...
8. Hubstäbe wurden montiert.   Nr. ...

5 Manche Arbeitsgänge laufen beim Takthubverfahren parallel. Können Sie sagen, welche das sind? Der Text hilft Ihnen dabei.

6 Erklären Sie nun bitte Ihrem Kollegen/Ihrer Kollegin das Takthubverfahren noch einmal, und lassen Sie ihn/sie eine Skizze anfertigen.

7 Suchen Sie jetzt bitte die Ortsangaben im Text, und notieren Sie sie.

8 Ergänzen Sie die Präpositionen (und ggf. Artikel).
BMW _____ München plante, in der Nähe des Olympiastadions ein Verwaltungsgebäude errichten zu lassen. Da die Bauzeit sehr knapp bemessen war, wurde das Gebäude _____ „Takthubverfahren" errichtet. Die einzelnen Stockwerke wurden dabei _____ Boden gebaut und anschließend _____ „Takthubverfahren" _____ Höhe gezogen. Das Fundament wurde zuerst gelegt. _____ diesem wurden Kellergeschosse und Kellerdecke gebaut. _____ der Kellerdecke befand sich der Gebäudekern, _____ dessen Kopf das Trägerkreuz angebracht wurde. Seine vier Arme ragten _____ dieses hinaus. Sämtliche Stockwerke wurden _____ Hubstäben befestigt und zusammen _____ die Höhe eines Stockwerks _____ oben gezogen.

9 Finden Sie Wörter mit ähnlicher Bedeutung zu den folgenden Wörtern aus dem Text?
errichten   endgültig   montieren   verwenden
vergleichbar   Geschoß   befestigen

10 Wie heißt das Gegenteil zu den folgenden Wörtern aus dem Text?

in Auftrag geben   überschreiten
aufnehmen   Decke
möglich   Höhe

11 Sie haben gelesen, daß die Geschosse erst fertiggestellt und dann nacheinander hochgezogen wurden.

nacheinander = einer/eine/eins nach dem/der anderen

Bilden Sie entsprechende Wörter mit Präpositionen.
einer hinter dem anderen   einer mit dem anderen
einer über dem anderen   eine bei der anderen
eins gegen das andere   eins zu dem anderen
Finden Sie noch weitere Beispiele?
Bilden Sie bitte Sätze mit diesen Wörtern.

12 Die Wörter links finden Sie im Text. In der mittleren Spalte finden Sie die Bedeutung, die die Wörter im Text haben. Bringen Sie sie bitte in die richtige Reihenfolge. Rechts finden Sie Bedeutungen, die die Wörter links noch haben können. Bitte ordnen Sie sie auch zu!

s Verfahren	Ansammlung von Geschossen	Prozeß
e Decke	s Innere eines Gebäudes	Munition
s Geschoß	e Erde, r Untergrund	Stab als Gehhilfe
r Boden	obere Abgrenzung der Etage eines Hauses	Direktion
r Abschnitt		oberstes Geschoß eines Hauses
r Kern	oberer Teil des Gebäudekerns	
e Leitung	e Etage	oberer Teil des Körpers
r Kopf	tragender Teil beim Bauen	Teil einer Eintrittskarte
r Arm	transportiert z. B. Wasser	Ansammlung von Schreibpapier
r Stock	e Vorgehensweise	Extremitäten
r Block	r Teil	im Innern mancher Frucht
	s Stockwerk	Gegenstand zum Einhüllen des Körpers

13 Sie haben als Architekt/in schon mehrere Gebäude im Takthubverfahren bauen lassen. Jetzt bittet man Sie, einen Vortrag auf einer Fachtagung zu halten. Bereiten Sie (als Hausaufgabe) den Vortrag vor, halten Sie ihn vor der Klasse, und stellen Sie sich anschließend den Fragen Ihrer Fachkollegen/-kolleginnen.

14 In Ihrem Architekturbüro haben Sie eine/n Studentin/Studenten eingestellt, die/der sich auf ihr/sein Examen vorbereitet. Sie/er interessiert sich für das Takthubverfahren. Erklären Sie ihr/ihm genau, wie es vor sich geht und welche Vorteile es hat.

7.3 Konstruktion nach einem Modell

1 Welche geometrischen Figuren kennen Sie?
Können Sie sie aufzeichnen?
Fragen Sie auch Ihre Kollegen/Kolleginnen, wenn Sie das deutsche Wort dafür nicht kennen.
Kennen Sie auch diese Figur?

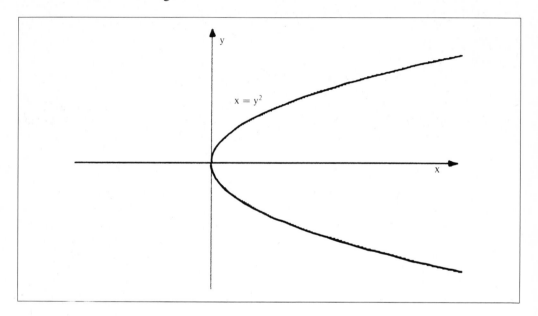

Text

Eine der interessantesten Dachkonstruktionen ist die im Frühjahr 1975 fertiggestellte Mehrzweckhalle in Mannheim. Dieses Dach besteht aus einem Holzgitter, 5 das mit einer lichtdurchlässigen Polyvinylhaut überspannt ist, und überdeckt trotz seiner erstaunlichen Leichtigkeit ohne einen einzigen Pfeiler eine Grundfläche von 7400 m². Die maximale Spannweite 10 beträgt 60 m.

Interessant ist die Form des Daches: Es gleicht einer Landschaft von Hügeln. Wie ist es möglich, diese mathematisch äußerst schwierige Form so zu gestalten, daß sie 15 statisch die beste Lösung darstellt?
Der Grundgedanke ist einfach: Wenn man eine Schnur an zwei Enden festhält, so daß sie nach unten hängt, dann formt sie eine Parabel. Nun zeichnen wir von dieser Pa- 20 rabel das Spiegelbild um die „x-Achse", so

Blick von Norden auf die Mehrzweckhalle in Mannheim

daß der Scheitel oben ist. Eine Baustruktur dieser Form hat bei gleichmäßiger Belastung eine sehr gute Tragfähigkeit, da keinerlei Biegespannungen entstehen. Dies
25 ist der Grund, warum auch Brückenbogen die Form von Parabeln haben. Man kann nun eine ganze Reihe von Schnüren so nebeneinander- und übereinanderhängen, daß sie ein Netz bilden. Drehen wir eine
30 solche Netzform um, so daß das Netz „nach oben hängt", dann erhalten wir ebenfalls eine Form, die eine optimale Tragkraft besitzt. Auf diese Weise lassen sich relativ einfach aus Schnüren oder Draht Modelle
35 komplizierter „hügelförmiger" Dachkonstruktionen herstellen.

Nach diesem Verfahren bildete man auch das Modell der Mehrzweckhalle in Mannheim. Mit Hilfe von fotografischen Aufnah-
40 men wurden am hängenden Modell die Gesamtform und die Einzelheiten geprüft, dann erfolgte die genaue Vermessung des Modells. Die Ergebnisse dieser Messungen schließlich bildeten die Grundlagen zur
45 Berechnung der Maße und Formen der Halle. Während einer Belastungsprüfung des fertigen Gebäudes wurden 205 Mülltonnen (Fassungsvermögen je 110 l) mit Wasser gefüllt und über einer Fläche von
50 406 m^2 in jeden dritten Knoten des Gitters gehängt. Die Halle hielt dieser extremen Belastung stand.

2 Ergänzen Sie bitte die folgenden Sätze.

1975 wurde in Mannheim die _____ fertiggestellt. Ihr _____ besteht aus einem _____ mit einer lichtdurchlässigen _____ . Die Form des _____ gleicht einer Landschaft von _____ . Welcher Gedanke liegt dieser _____ zugrunde? Wenn man eine _____ an zwei _____ festhält, so daß sie nach unten _____ , dann formt sie eine Parabel. Zeichnen wir von dieser _____ das Spiegelbild um die x-Achse, so daß der _____ oben ist, so hat diese

Form eine gute _____, da keine _____ auftreten. Wenn man nun eine _____ von _____ so neben- und übereinander hängt, daß sich ein _____ bildet, und _____ es dann um, so erhalten wir ebenfalls eine Form mit optimaler _____. So lassen sich aus Schnüren oder _____ Modelle _____ Dachkonstruktionen herstellen. Nach diesem Modell wurde die Halle in Mannheim _____. Um die Belastung zu _____, wurden 205 _____ mit Wasser _____ und in jeden dritten Knoten des _____ gehängt. Die _____ hielt der Belastung stand.

3 Zeichnen Sie bitte die Dachkonstruktion, und erklären Sie sie Ihrer Kollegin/Ihrem Kollegen.

4 Steht das im Text?   Ja   Nein

1. Das Interessanteste an der Mannheimer Mehrzweckhalle ist das Dach.   ○   ○

2. Das Dach der Mannheimer Mehrzweckhalle ist ein Holzgitter mit einer   ○   ○
   luftdurchlässigen Polyvinylhaut.

3. In der Halle gibt es nur einen einzigen Stützpfeiler.   ○   ○

4. Das Dach hat die Form einer Hügellandschaft.   ○   ○

5. Der Dachkonstruktion liegt der Gedanke eines Netzes von   ○   ○
   umgekehrten Parabeln zugrunde.

6. Durch die Baustruktur des Daches können keine Biegespannungen   ○   ○
   auftreten.

7. Anhand von Fotografien wurde das Modell in seiner Gesamtform   ○   ○
   geprüft und vermessen.

8. Die Belastungsprüfung der Halle erfolgte mit Hilfe von wassergefüllten   ○   ○
   Mülltonnen.

5 Wie heißt das Gegenteil zu den folgenden Wörtern aus dem Text?
durchlässig   beste   Belastung
ohne   festhalten   fertig
Leichtigkeit   unten   diese
möglich   während

6 Bilden Sie bitte, wo es möglich ist, den Superlativ zu folgenden Adjektiven aus dem Text.
interessant   möglich   gleichmäßig   fotografisch
lichtdurchlässig schwierig   gut   genau
erstaunlich   äußerst   optimal   fertig
maximal   einfach   kompliziert   extrem

7 Schreiben Sie bitte einen Werbetext über die Halle, und verwenden Sie dabei die obigen Adjektive.

8 Wie gehören die Wortteile zusammen?

Dach-	-haut
Mehrzweck-	-weite
Holz-	-bogen
Polyvinyl-	-struktur
Spann-	-vermögen
Grund-	-konstruktion
Biege-	-fähigkeit
Brücken-	-fläche
Bau-	-halle
Trag-	-prüfung
Gesamt-	-spannung
Belastungs-	-landschaft
Hügel-	-gitter
Fassungs-	-form

9 Wie spricht man das?

m^2 m^3 l

Was drückt man mit diesen Bezeichnungen aus?

m^3 m^2 m   l

10 Beschreiben Sie jetzt bitte die Ausdehnungsverhältnisse Ihres Zimmers, Ihrer Wohnung, eines bekannten Gebäudes in Ihrer Heimat. Machen Sie bitte eine Zeichnung, und erklären Sie sie Ihren Kollegen/Kolleginnen mit Hilfe der obigen Ausdrücke.

11 Sie sind Reporter/in beim Rundfunk und sind bei der Einweihung der Mannheimer Mehrzweckhalle dabei. Sie machen ein Interview mit dem Architektenteam. Hier sind Ihre Fragen. Notieren Sie bitte die Antworten in Stichworten.
1. Woraus besteht das Dach der Halle?
2. Welche Fläche und Spannweite hat die Halle?
3. Womit kann man die Form vergleichen?
4. Welche Form hat die Baustruktur?
5. Welche Vorteile hat sie und weshalb?
6. Wie wurde die Belastung geprüft?
Stellen Sie bitte noch weitere Fragen, die sich mit Hilfe des Textes beantworten lassen.

12 Sie sind Architekt/in. Ihr/e Bauherr/in möchte eine „normale" Festhalle bauen. Überzeugen Sie ihn/sie vom Modell der Mehrzweckhalle.
Die folgenden Stichworte können Ihnen dabei helfen.

der Hügel – die Schnur – die Parabel – der Scheitel – die Tragfähigkeit – die Biegespannung – das Netz – hängen – bilden – entstehen – besitzen – erhalten – standhalten

7.4 Eine Brücke wandert

Die alte Rheinbrücke in Düsseldorf-Ober-kassel war für den wachsenden Verkehr zu klein. Eine neue, mindestens viermal so breite Brücke mußte errichtet werden, und

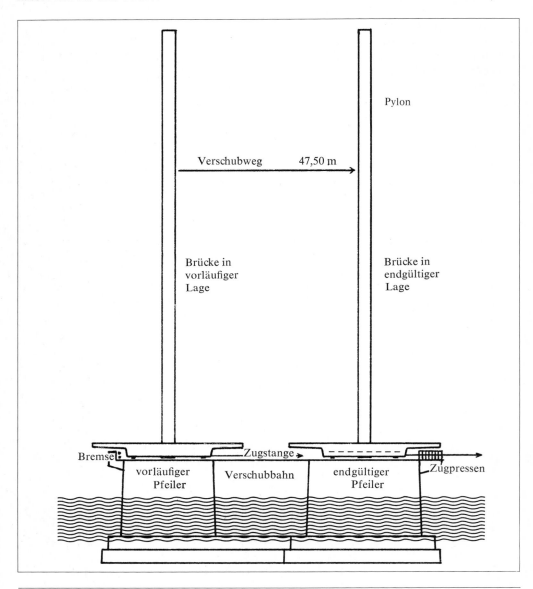

zwar genau an der Stelle der alten. Dies stellte die Ingenieure vor ein großes Problem, denn der Abbruch einer alten und der Bau einer neuen, großen Brücke dauert mindestens fünf bis sechs Jahre. An jener wichtigen Stelle in Düsseldorf den Verkehr so lange zu unterbrechen war völlig unmöglich.

Der leitende Bauingenieur der Stadt hatte folgende Idee: Die neue Brücke wird zunächst etwa 50 m südlich der alten Brücke errichtet. Während der Bauzeit läuft der Verkehr noch über die alte Brücke. Sobald die neue fertig ist, wird die alte abgebrochen und der Verkehr über einen Straßenknick bereits über die neue Brücke geführt. Noch aber steht die neue Brücke am falschen Platz. Der letzte und schwierigste Teil des Planes wird nun verwirklicht: die Verschiebung der neuen Brücke an die Stelle der alten.

Ein solches Projekt war angesichts der gewaltigen Ausmaße der neuen Brücke in der ganzen Baugeschichte ohne Beispiel. Die Stahlkonstruktion hat eine Länge von 590 m und einen 100 m hohen Mittelpylon. Daran sind acht Schrägseilpaare befestigt, an denen die Brücke hängt. Sie hat eine Breite von 35 m und nimmt vier Fahrspuren für Autos, zwei Rad- und zwei Gehwege und einen 10 m breiten Gleiskörper für die Straßenbahn auf. Das Gesamtgewicht beträgt mehr als 12 000 Tonnen.

Nach dem Bau der neuen und dem Abbruch der alten Brücke wurde der Mittelpfeiler, auf dem die Hauptlast der neuen Brücke ruhte, um etwa 50 m nach Norden verlängert. Dann wurde auf diesen verlängerten Pfeiler die zentrale Verschubbahn gelegt. Sie bestand aus einer 70 m langen spiegelglatten Stahlplatte, die mit Teflon beschichtet war. Teflon ist ein Stoff mit einer sehr guten Gleitfähigkeit. Auf gleiche Weise wurden drei weitere, schmalere Gleitbahnen auf die schmaleren Pfeiler zu beiden Seiten des Mittelpfeilers gelegt.

Am Morgen des 7. April 1976 begann vor Hunderten von Bauingenieuren aus aller Welt und Tausenden von Zuschauern der Vorgang der „Verschiebung". „Ziehung" wäre vielleicht ein genauerer Ausdruck, denn die Brücke wurde von zwei auf dem Mittelpfeiler montierten Zugpressen gezogen. Zwei weitere Pressen befanden sich auf dem kleineren Pfeiler beim rechtsrheinischen Ufer. Ein Computer steuerte den Vorgang, der mit der Präzision einer Uhr ablief und etwa 13 Stunden dauerte. Die Geschwindigkeit betrug 1 mm pro Sekunde. Einmal mußte die Schiebung unterbrochen werden. Auf einer der Schiebebahnen hatte man ein Sandkorn entdeckt, das einen Millimeter tief in die Teflonschicht eingedrungen war. Endlich, am 8. April 1976, um 15.05 Uhr, war die Brücke an ihrem vorbestimmten Platz. Ein Kapitel Brückenbaugeschichte war neu geschrieben.

1 Steht das im Text?

	Ja	Nein
1. Die alte Rheinbrücke in Düsseldorf war dem Verkehrsaufkommen nicht mehr gewachsen.	○	○
2. Eine neue, um ein Vielfaches größere Brücke mußte errichtet werden.	○	○
3. Die neue Brücke wurde zunächst 50 m südlich von der alten Brücke errichtet.	○	○
4. Während der Bauzeit konnte der Verkehr nicht mehr über die alte Brücke laufen.	○	○

	Ja	Nein
5. Noch während die neue Brücke erbaut wurde, begann man mit dem Abriß der alten.	○	○
6. Die neue Brücke wurde an die Stelle der alten Brücke geschoben.	○	○
7. Die Stahlkonstruktion hat eine Länge von 590 m.	○	○
8. Der verlängerte Mittelpfeiler der neuen Brücke stellte die Verschubbahn dar.	○	○
9. Die Verschubbahn bestand aus einer spiegelglatten Teflonfläche.	○	○
10. Jeder noch so kleine Gegenstand auf der Verschubbahn ist ein Hindernis.	○	○

2 Ergänzen Sie bitte die fehlenden Wörter in dem folgenden Text über die neue Brücke und ihre Verschiebung.

Die neue Brücke ist eine S_____ von 590 m Länge. Ihr M_____ ist 100 m hoch. Die Brücke hängt an acht S_____, die am M_____ befestigt sind. Die B_____ der Brücke beträgt 35 m. Dies beinhaltet 4 F_____ für Autos, zwei R_____- und zwei G_____ sowie einen 10 m breiten G_____ für die Straßenbahn. Das G_____ der Brücke liegt bei 12 000 t.

Zur Verschiebung wurde zunächst einmal der M_____, der die Hauptlast der Brücke trug, um 50 m nördlich verlängert. Die zentrale V_____ wurde nun auf diese Verlängerung gelegt. Die Bahn besteht aus einer glatten, mit T_____ beschichteten S_____. Der Vorteil dieses Stoffes ist gute G_____. Am 7. 4. begann der Vorgang der V_____, wobei die Brücke von zwei Z_____ gezogen wurde.

Ist in diesen Texten alles Wesentliche über die neue Brücke und die Verschiebung enthalten? Wenn nicht, so ergänzen Sie bitte, indem Sie evtl. auch direkt mit dem Lesetext vergleichen.

3 Machen Sie bitte eine Skizze, mit der Sie Ihren Kolleginnen/Kollegen erklären, wie die Brücke verschoben wurde.

4 Finden Sie Wörter mit ähnlicher Bedeutung zu den folgenden Wörtern aus dem Text?

Stoff	unmöglich
auf die gleiche Weise	führen
errichten	Kraftwagen
Problem	montieren

5 Ordnen Sie bitte die folgenden Angaben richtig zu.

1. Dauer des Vorgangs	a) 70 m
2. Verschubweg	b) ca. 50 m
3. Länge der Stahlplatte	c) 590 m
4. Höhe des Mittelpylons	d) 100 m
5. südlich	e) 35 m
6. Breite der Brücke	f) 10 m
7. Länge der Brücke	g) 47,5 m
8. Verschiebegeschwindigkeit	h) 1 mm/sec
9. Gesamtgewicht	i) 13 Stunden
10. Breite des Gleiskörpers	j) 12 000 t

6 Suchen Sie Maße und Größenangaben aus dem Text heraus, und bilden Sie Sätze entsprechend den Beispielen.
Die Stahlkonstruktion <u>ist</u> 590 m <u>lang</u>.
Die Stahlkonstruktion <u>hat</u> eine <u>Länge</u> von 590 m.
Die <u>Länge</u> der Stahlkonstruktion <u>beträgt</u> 590 m.

7 Wie kann man das Gewicht angeben? Zum Beispiel in Tonnen: 12 000 t.
Welche anderen Möglichkeiten kennen Sie? Sie können auch Ihre Kollegen/Kolleginnen fragen oder das Wörterbuch oder den Lehrer/die Lehrerin zu Rate ziehen.

8 Wie spricht man diese Angaben aus dem Text?
50 m   am 7.4.
12 t   15.05 Uhr
1 mm
Was geben die Angaben aus dem Text an?
Bitte ordnen Sie sie den folgenden Rubriken zu!

Zeit	Länge	Gewicht	Fläche	Volumen

Finden Sie noch weitere Beispiele?

9 Was war geplant? Bilden Sie Sätze, indem Sie das Passiv mit „sollen" verwenden.

Beispiel

> neue Brücke / bauen ⟶ Eine neue Brücke sollte gebaut werden.

1. die neue Brücke / 50 m südlich der alten Brücke / errichten
2. die alte Brücke / abbrechen
3. der Verkehr / über die neue Brücke / führen
4. die neue Brücke / an die Stelle der alten / verschieben

10 Bilden Sie bitte nun entsprechende Sätze auf die Frage: Was mußte alles gemacht werden? (Passiv mit „müssen")

11 Sie sind Reporter/in und machen ein Interview mit dem Architekten/der Architektin. Notieren Sie bitte in Stichworten die Antworten auf die folgenden Fragen.
1. Warum wurde eine neue Brücke geplant?
2. Wie breit sollte die neue Brücke sein?
3. Warum war das ein Problem für die Ingenieure?
4. Welches ist der schwierigste Teil des Bauplans?
5. Woran hängt die Brücke?
6. Welche Funktion hatte der Mittelpfeiler?
7. Warum benutzte man eine Teflonbeschichtung für die Stahlplatte?
8. Weshalb mußte die Verschiebung unterbrochen werden?

12 Formulieren Sie bitte jetzt aus den Antworten einen Zeitungstext.

13 Wie heißen die Wörter?

1. verbindet die 2 Seiten eines Flusses miteinander

2. viele Autos und Fußgänger auf der Straße

3. Bewegung eines Gegenstandes von einer Stelle an eine andere (mit Hilfsmitteln)

4. der Stützpfeiler einer Brücke, der sich nicht links und nicht rechts befindet

5. der Teil einer Straße, auf dem Autos fahren können

6. hierauf fahren Straßenbahnen

7. eine ebene Fläche aus einem sehr festen, metallhaltigen Material

8. Stoff, der gut gleitet

9. Gegenstand, der etwas ganz festhält und dabei auf sich zu bewegt

10. Maschine, die programmiert werden kann und dann ohne menschliche Hilfe arbeitet

Hat Ihnen das Raten Spaß gemacht?
Und wie heißt der Satz, der entsteht, wenn Sie die Buchstaben in der angegebenen Reihenfolge schreiben?

_ A _ _ _ _ _   A _ _ _   _ A _ _ _   _ _ A _ _ !

14 In Düsseldorf wird eine <u>4× so breite</u> Brücke benötigt.
Sind Ihre Straßen, Brücken, Häuser, Wohnungen groß, breit, hoch, billig genug?
Wie müßten sie sein? Erklären Sie die Probleme mit Hilfe der folgenden Begriffe, die Sie unterschiedlich kombinieren können.

doppelt	so breit
3×, 4× usw.	so groß
halb	so hoch
	so billig
	so teuer

> Wir finden, die Straßen in der Altstadt müßten doppelt so breit sein.

Welche Vorschläge würden Sie machen (für Deutschland oder für Ihre Heimat)? Diskutieren Sie bitte mit Ihren Kollegen/Kolleginnen.

15 Gibt es bei Ihnen auch Verkehrsprobleme? Könnten Sie sich vorstellen, daß das Prinzip der „verschobenen" Brücke auch bei Ihnen für eine Brücke oder ein anderes Bauwerk angewendet werden kann? Diskutieren Sie bitte darüber mit Ihren Kollegen/Kolleginnen aus Ihrem Heimatland, bzw. legen Sie Ihren Kollegen/Kolleginnen aus anderen Ländern Ihre Idee(n) dar, und beantworten Sie dann deren Fragen, und/oder diskutieren Sie darüber.

Worterklärungen

A

r Abbruch (Sg)	das Entfernen eines Bauwerks (7.4)
s Abgase (Pl)	die Verbrennungsgase (1.2)
ablenken	durch ein Hindernis etwas aus einer konstanten Bahn bringen (4.3)
absorbieren	aufnehmen (2.2)
abstoßen, stieß ab, abgestoßen	in die entgegengesetzte Richtung wegdrücken (2.3)
r Abtastvorgang (ˑe) (abtasten)	Punkt für Punkt berühren (5.4)
e Alternative(n)	eine andere Möglichkeit (2.4)
Angenommen, ...	der Beginn einer Hypothese oder eines Gedankenexperiments (6.2)
e Anlage(n)	mehrere technische Großgeräte auf einem Platz (4.1)
sich anlagern	sich an einem Stoff oder Körper festsetzen (3.4)
anlegen	eine Spannung wirken lassen (5.2)
anschließen (an), schloß an, angeschlossen	verbinden mit (5.2)
r Antrieb(e)	die Kraft, die eine Maschine bewegt (3.1)
s Arbeitsmittel (-)	der Stoff, der Energie transportiert (2.4)
r Arbeitszyklus (-len)	eine beim Lauf einer Maschine regelmäßig wiederkehrende Folge von Bewegungen (3.2)
e Art(en)	eine biologische Klassifizierung (1.1)
aufbauen	erzeugen (4.4)
aufladen, lud auf, aufgeladen	mit elektrischen Ladungen füllen (5.3)
r Aufprall (Sg)	ein harter Aufschlag (5.4)
auslösen	verursachen (5.4)
r Ausstoß (Sg)	⟶ Freisetzung (2.3)

B

s Bauelement(e)	ein elektronisches Bauteil mit einer bestimmten Funktion, z. B. ein Transistor (5.1)
r Baustein(e)	hier: Teilchen (6.1)
r Behälter (-)	ein Hohlkörper, in dem etwas aufbewahrt oder transportiert wird (6.3)
e Biegespannung(en)	die Kraft, die durch das Krümmen eines Stabes entsteht (7.3)
beschichten	mit einer Schicht bedecken (7.4)
beschreiben, beschrieb, beschrieben	einen bestimmten Weg laufen (5.4)
bestrahlen (Bestrahlung)	Partikel oder Energie auf ein Objekt richten (2.2)
bestrebt sein	etwas erreichen wollen (5.2)
e Bildröhre(n)	eine Elektronenröhre wie in einem Fernsehgerät (5.4)
r Brennpunkt(e)	ein Punkt, in dem sich Strahlen treffen (2.1)
bündeln	die Strahlen zusammenfassen (6.2)

D

e Diode(n)	ein elektronisches Element, das den Strom nur in eine Richtung fließen läßt (5.2)
r Draht (⁻e)	ein langes, dünnes Metallstück (4.2)
r Druckabfall (Sg)	die Verringerung des Drucks (2.2)
r Druckbehälter (-)	ein Behälter, in dem ein hoher Druck herrscht (2.2)
durchbohren, durchbohrte, durchbohrt	ein Loch durch einen Gegenstand machen (6.2)
durchlässig	... ohne Hindernis (5.4)
r Durchmesser (-)	die Breite bei runden Gegenständen (5.4)

E

elektrolytisch	nennt man eine Lösung, die den Strom leitet und sich durch ihn zersetzt (3.4)
s Element(e)	chemischer Grundstoff (2.2)
s Elementarteilchen (-)	ein kleinstes Teilchen der Materie (6.1)
e Energiedichte (Sg)	die Konzentration der Energie (6.2)

e Energiequelle(n)	ein Stoff, aus dem man Energie gewinnt (1.2)
e Entnahme (Sg)	das Entnehmen, Herausnehmen (2.4)
entspannen	den Druck vermindern (2.4)
e Erosion (Sg)	die Zerstörung von fruchtbarem Boden durch Wasser und Wind (1.1)
e Erscheinung(en)	ein Phänomen; etwas, das sich zeigt (4.2)

F

e Fassade(n)	die Außenfläche eines Gebäudes (7.2)
s Fassungsvermögen (Sg)	das Volumen (7.3)
s Feld(er)	hier: ein Raum, in dem elektrische oder magnetische Kräfte herrschen (4.4)
e Festigkeit (Sg)	das technische Maß für den Widerstand eines Körpers gegen Beschädigungen (7.1)
r Filter (-)	eine Vorrichtung zur Reinigung von Gasen oder Flüssigkeiten (1.2)
flektieren (hin- und herflektieren)	reflektieren; zurückwerfen (6.2)
fokussieren	Lichtstrahlen in einen Punkt vereinigen (2.1)
e Freisetzung (Sg) (freisetzen)	... etwas herauslassen (2.2)
s Fundament(e)	die Mauern im Boden, die ein Gebäude tragen (7.2)

G

gefroren	bei tiefer Temperatur fest geworden (2.3)
s Gehäuse (-)	ein Metallmantel, der eine Maschine oder einen Maschinenteil umschließt (3.2)
r Geigerzähler (-)	ein Gerät, das die Radioaktivität mißt, benannt nach dem Physiker Hans Geiger (1882–1945) (6.3)
r Generator(en)	eine Maschine, die Elektrizität erzeugt (2.1)
geringfügig	klein; minimal (3.4)
e Gesetzmäßigkeit(en)	eine wissenschaftliche Regel; ein Prinzip (2.4)
s Gitter (-)	der Aufbau einer Fläche aus Stäben, die nur an einzelnen Punkten miteinander verbunden sind (7.3)

r Gleiskörper (-)	Fundament und Schienen für die Bahn (7.4)
gleiten, glitt, geglitten (e Gleitfähigkeit)	auf einer Fläche bewegen (7.4)
s Granulat(e)	ein Stoff in kleinen Stückchen (3.4)

H

r Halbleiter (-)	ein Material, dessen Stromleitfähigkeit zwischen der eines elektrischen Leiters und eines Nichtleiters liegt (5.2)
r Hektar (-)	$= 100 \text{ Ar} = 10\,000 \text{ m}^2$ (1.1)
hinaustragen, trug hinaus, hinausgetragen	aus einer Ebene herausstehen (7.2)
r Hub($\ddot{}$e)	ein Hebevorgang
e Hubpresse(n)	eine Apparatur, mit der man durch Druck etwas heben kann (7.2)
hydraulisch	Druck durch Flüssigkeit übertragend (7.2)

I

induzieren (Induktion)	indirekt eine Spannung erzeugen oder übertragen (4.2)
r Infrarotstrahlen (Pl)	Wärmestrahlen (1.3)
isolieren	durch einen Nichtleiter trennen, so daß kein Strom fließen kann (5.2)

K

s Kabel (-)	ein dicker elektrischer Leiter (4.2)
s Kadmium	ein chemisches Element (Cd) (2.2)
e Kathode(n)	ein negativer elektrischer Pol, der Elektronen aussenden kann (5.4)
r Kenner (-)	ein Fachmann (3.1)
e Kernfusion (Sg)	die Verschmelzung von Atomkernen (2.3)
e Kernspaltung (Sg)	die Teilung eines Atomkerns (2.2)
e Kettenreaktion(en)	eine physikalische oder chemische Reaktion, die weitere, gleichartige Reaktionen bewirkt (2.2)
r Kies (Sg)	eine Menge von kleinen, glatten Steinen (7.1)
r Knick(e)	eine scharfe Biegung (7.4)

r Knopf (⸚e)	der Teil zum Bedienen eines Schalters (5.3)
r Kompressor(en)	ein Apparat zum Verdichten von Gasen (2.4)
komprimieren	zusammendrücken (2.3)
kondensieren	vom gasförmigen in den flüssigen Zustand übergehen (2.1)
r Kraftstoff(e)	Treibstoff, z. B. Benzin, Diesel (3.4)
e Kurbel(n)	eine geknickte Welle (3.2)

L

lackieren	mit Farbe (Lack) anmalen oder anspritzen (5.1)
e Ladung(en)	Elektronenüberschuß oder -mangel (5.2)
r Ladungsträger (-)	geladene Teilchen (4.3)
e Laserkanone(n)	ein sehr starker Laser (2.3)
e Legierung(en)	eine homogene Mischung aus verschiedenen Metallen (3.4)
e Leistung (Sg)	das Verhältnis Arbeit durch Zeit; das Produkt aus Stromstärke und Spannung (2.1)
r Leiter (-)	ein Stoff, durch den Strom fließen kann (4.2)
e Leiterschleife(n)	ein elektrischer Leiter etwa in Form eins Ringes, der nicht geschlossen ist (4.4)
e Leitfähigkeit (Sg)	die Fähigkeit eines Materials, Energie zu transportieren (4.2)
e Leitung(en)	ein Metalldraht, in dem Elektrizität transportiert wird (4.2)
s Lichtquant(en)	ein kleinstes Teilchen des Lichts, ein Photon (6.2)
in erster Linie	am besten; vor allem (2.1)
e Linse(n)	ein Glaskörper zum Sammeln oder Streuen von Lichtstrahlen (6.2)
r Luftüberschuß (Sg)	mehr Luft als gebraucht wird (3.1)

M

s Magnetfeld(er)	ein Raum, in dem eine magnetische Kraft herrscht (4.4)
e Masse (Sg)	eine Eigenschaft der Stoffe, gemessen in Gramm (2.3)
e Max-Planck-Gesellschaft	eine Gesellschaft, deren Aufgabe die wissenschaftliche Forschung ist, benannt nach dem Physiker Max Planck (1858–1947) (2.3)
s Megawatt	= 1 000 000 Watt (2.3)

s Metallhydrid(e)	eine chemische Verbindung von Metall und Wasserstoff (3.4)
e Mikroskopie (Sg)	die Technik des Baus von Mikroskopen (5.4)
Milliardstel	$= 10^{-9}$ (2.3)
r Monteur(e)	jemand, der Teile zusammenbaut (5.1)
münden	in Form einer Öffnung enden (2.3)

N

s Netz(e)	ein System von Elektroleitungen (4.1) bzw. durch Knoten kreuz und quer verbundene Fäden (7.3)
s Neutrino(s)	ein elektrisch neutrales Elementarteilchen ohne Masse (6.1)
sich niederschlagen, schlug sich nieder, niedergeschlagen	sich ablagern (1.4)

O

s Objekt(e)	hier: der Gegenstand, den man durch das Mikroskop sehen will (5.4), bzw. ein Gebäude (7.2)
operieren	medizinisches Schneiden an menschlichen Organen; ein chirurgischer Eingriff (6.2)
s Oxid(e)	eine Verbindung eines chemischen Elements mit Sauerstoff (1.2)

P

r Parabolspiegel (-)	ein Spiegel in Form einer Parabel (2.1)
s Photon(en)	ein kleinstes Teilchen des Lichts (6.2)
r Pleuel (-)	eine Kolbenstange (3.2)
e Potentialdifferenz(en)	der Unterschied elektrischer Kräfte zwischen zwei geladenen Körpern (4.4)
praktisch	fast; nahezu (2.1)
e Präzision (Sg)	die Genauigkeit (6.2)
pressen	drücken (3.2)
e Probe(n)	ein repräsentativer Teil einer Sache, die untersucht wird (6.3)
projizieren	Bilder mit einem Bildwerfer auf eine Fläche werfen (5.3)
r Pylon(e)	ein tragender Pfeiler, der nur am unteren Ende befestigt ist (7.4)

Q

| r Quotient(en) | das Ergebnis einer Division (4.4) |

R

rationell	mit möglichst wenig Arbeit, Zeit oder Geld (7.2)
r Rauminhalt (Sg)	→ Fassungsvermögen (4.1)
rechnen mit	planen (2.3)
e Region(en)	das Gebiet (1.1)
das Reich der ...	das Gebiet der ...; die gesamte ... (4.2)
e Ressourcen (Pl)	Lebensgrundlagen; Rohstoffquellen (1.1)
e Rille(n)	eine längliche Vertiefung (4.4)
r Roboter (-)	eine Maschine, die Arbeiten anstatt eines Menschen ausführen kann (5.1)
rotieren	sich drehen (3.3)
r Rubin(e)	ein roter Edelstein (6.2)

S

s Salz(e)	allgemeine Bezeichnung für chemische Verbindungen von Metallen mit Säuren (4.1)
r Salzstock (⸚e)	ein bergförmiger Salzkörper unter der Erde (4.1)
r Sammelname(n)	Oberbegriff; Klassifizierung (6.1)
saugen	durch Unterdruck bewegen (3.2)
schadstoffarm	Schadstoff: ein gefährlicher Stoff, -arm: wenig (3.1)
r Schädling(e)	ein schädliches Tier (1.4)
e Schale(n)	das Energieniveau der Elektronen im Atom (5.2)
r Schaltkreis(e)	ein System von elektronischen Schaltungen auf einem Chip (5.2)
e Schalung(en)	eine Form aus Holz, in die Beton eingefüllt wird (7.1)
e Schaufel(n)	ein Metallblatt, gewöhnlich an einer Turbine, das etwa die Form einer Schaufel hat (3.3)
r Scheitel (-)	der oberste Punkt einer Kurve (7.3)
e Schicht(en)	eine flächenhaft ausgebreitete Masse eines Stoffes (5.2)
e Schiene(n)	die Stahlträger, auf denen die Züge fahren (4.4)

r Schirm(e)	eine Projektionsfläche (5.4)
mit einem Schlag	sofort; in einem Augenblick (2.3)
schleifen, schliff, geschliffen	(mit Sandpapier) eine Oberfläche glatt machen (5.1)
schneiden, schnitt, geschnitten	das Kreuzen von zwei Linien (4.4)
r Schnitt(e)	eine Darstellungsform beim technischen Zeichnen; sie zeigt das Innere von kompakten Körpern (3.2)
e Schnur (¨e)	ein dicker Faden (7.3)
s Schrägseil(e)	ein Seil, das in einem Winkel zur Vertikalen verläuft (7.4)
schrauben	eine Schraube eindrehen (5.1)
e Schubkraft (¨e)	eine Kraft, die einen Körper schiebt (3.3)
schweben	ohne Grundberührung stehen oder fahren (4.4)
schweißen	durch Schmelzen zwei Teile verbinden (5.1)
s Schwefeldioxid (Sg)	= SO_2 (1.2)
e Schwefelsäure (Sg)	= H_2SO_4 (1.2)
e Schwingung(en)	eine Bewegung von Teilchen oder Strahlung hin und her oder auf und ab (6.2)
r Sensor(en)	Gerät zum Nachweis von Licht-, Temperaturschwankungen u. a. (5.4)
e Spannweite(n)	der Abstand zwischen zwei Stützpunkten einer Decke (7.3)
e Spannungsquelle(n)	eine Batterie oder eine Maschine, die eine elektrische Spannung erzeugt (5.3)
e Sperrschicht(en)	eine dünne Zone in einem Halbleiter, durch die kein Strom fließen kann (5.2)
r Spitzenbedarf (Sg)	der größtmögliche Bedarf (4.1)
spritzen	eine Flüssigkeit mit Druck durch eine Düse treiben (3.2)
statisch (e Statik)	auf die Festigkeit eines Bauwerks bezogen (7.3)
Stator(en)	Teil einer elektrischen Maschine, der sich nicht bewegt (4.4)
steuern (e Steuerung)	an die richtige Stelle oder in die richtige Richtung bringen (5.1)
s Stickstoff (Sg)	ein chemisches Element (N) (1.2)

r Stoffwechsel (Sg)	die Abgabe und Aufnahme von Stoffen in einem Lebewesen (6.3)
s Strahltriebwerk(e)	ein Flugzeugmotor, der durch einen Gasstrahl das Flugzeug vorwärts treibt (3.3)
streuen	in verschiedene Richtungen verteilen (5.4)
e Stufe(n)	der abgeschlossene Teil eines chemischen, physikalischen oder technischen Prozesses oder Geräts (3.3)
e Stützweite(n)	der Abstand zwischen Stützen einer Decke (7.1)
e Supraleitung (Sg)	eine Stromleitung ohne Widerstand (4.2)
synchron	gleichförmig miteinander (5.4)
s Synchrotron(e)	eine Anlage, durch die geladene Teilchen auf einer Kreisbahn beschleunigt werden (6.1)

T

e Tagung(en)	ein Kongreß; eine Versammlung (5.4)
s Technikgeschoß(e)	ein Geschoß, das nicht genutzt wird, sondern der Festigkeit des Gebäudes dient (7.2)
r Totpunkt(e)	der Punkt, an dem sich die Richtung der Bewegung umkehrt (3.2)
transparent	durchscheinend; durchsichtig (2.2)
s Trägerkreuz(e)	eine kreuzförmige Konstruktion, an der die Geschosse hängen (7.2)
r Triebwagen (-)	ein Eisenbahnwagen mit einem Motor (4.4)
e Turbine(n)	eine Maschine, die durch Strömung von Gasen oder Wasser eine Drehbewegung erzeugt (2.1)
s Turborad (¨er)	ein Rad mit Turbinenschaufeln (3.3)
r Typ(en)	eine nach einem bestimmten Prinzip gebaute Maschine (2.1)

U

übermitteln	von einem Ort zum anderen senden (6.3)
überschüssig (r Überschuß)	zu viel (2.2)
e Überwachung (Sg)	aufpassen, ob alles in Ordnung ist (5.1)
e Umgebung (Sg)	das äußere System (2.4)
e Umwelt (Sg)	alles das, was einen Menschen umgibt (1.1)

umweltbewußt	ist jemand, der die Umwelt schützen will (1.2)
unterbrechen, unterbrach, unterbrochen	für kurze Zeit aufhören (4.1)
unterentwickelt	noch nicht industrialisiert (1.1)

V

s Vakuumrohr(e)	ein luftleeres Rohr (6.1)
verdampfen (e Verdampfung)	zu Gas werden durch Erwärmung (1.4)
e Verengung(en)	die Verkleinerung des Durchmessers (3.3)
r Verdichter (-)	ein Gerät, das ein Gas komprimiert (3.3)
s Verfahren (-)	die Methode (7.2)
s Verhältnis(se)	die Relation (2.4)
e Vermessung(en)	das Ausmessen und Berechnen der Größe von Bauwerken oder Flächen (7.3)
sich verschließen (Dat), verschloß, verschlossen	etwas nicht anerkennen (1.1)
versprühen	eine Flüssigkeit in feinen Tröpfchen verteilen (1.4)
e Verwaltung (Sg)	die Abteilung in einer Firma, die für die Organisation zuständig ist (7.2)
r Vorgang (⁼e)	eine Sache, die gerade abläuft; ein Prozeß (6.3)

W

e Walze(n)	ein liegender, rotierender Zylinder (5.3)
r Wärmetauscher (-)	ein Apparat, in dem Wärme von einem Stoff auf einen anderen übertragen wird (2.2)
e Wartung (Sg)	Überprüfung und Kontrolle der technischen Teile (3.1)
e Welle(n)	hier: ein stangen- oder zylinderförmiger Teil einer Maschine, der rotierend eine Drehbewegung überträgt (3.2)
s Weltall (Sg)	das Universum; alle Himmelskörper (6.3)
e Wicklung(en)	elektrischer Leiter, der schleifenförmig um einen Körper gelegt ist (4.4)
wirken (auf)	eine Kraft ausüben (3.3)
r Wirkungsgrad(e)	das Verhältnis der Nutzleistung eines Motors zur zugeführten Leistung in Prozent (3.3)

X

s Xenon   ein Edelgas (Xe) (6.3)

Z

e Zeile(n)   eine gerade, waagerechte Reihe von Punkten (5.4)

e Zelle(n)   kleinste biologische Einheit des Lebens (6.3)

e Zerlegung (Sg)   die Aufteilung in die Bestandteile (3.4)

e Zone(n)   der Teil einer ganzen Fläche; einer Region (2.1)

r Zubringerbus(se)   ein Bus, der Passagiere zu einem Flughafen oder Bahnhof bringt (3.1)

zuführen   heranbringen; dazutun (4.1)

e Zugpresse(n)   eine Apparatur, mit der man durch Druck etwas zieht (7.4)

zusammenfügen   verbinden; zusammenbringen (5.2)

e Zuschlagstoffe (Pl)   Stoffe, die man dem Beton zufügt, um seine Masse zu vergrößern (7.1)

Lösungsschlüssel

Anmerkung:
Einige Übungen sind so gestaltet, daß keine eindeutige Lösung möglich ist. Ziel dieser „offenen" Fragen und Übungen ist es, Diskussionen über Lösungsmöglichkeiten herbeizuführen. Übungen, zu denen mehrere Lösungen möglich sind, sind im Lösungsschlüssel entweder nicht aufgeführt oder mit ein bis zwei Lösungen angegeben.

1 Der Schritt ins 21. Jahrhundert

1.1 Unsere Welt im Jahr 2000

1 1. Ja, 2. Nein, 3. Ja, 4. Ja, 5. Nein, 6. Ja, 7. Nein, 8. Ja, 9. Ja, 10. Offen.

2 Bevölkerungszahl +50%, Ackerland ca. −40%, Rohölressourcen −50%, Wasservorräte −35%, Pflanzen- und Tierarten −15 bis 20%, Nahrungsmittelpreise +100%, Energiepreise +150%.

4 Weniger: schrumpfen, sinken, fallen, abnehmen, sich verringern, sich reduzieren. Mehr: steigen, zunehmen, wachsen, anwachsen, ansteigen, sich erhöhen.

5 steigen, verringern, abnehmen, verringert sich/schrumpft, sich erhöhen/steigen/zunehmen, abnehmen/sinken/ sich verringern, fallen/sinken, (an)steigen, wächst, anwachsen, reduzieren.

6 s Steigen/e Steigerung, e Verringerung, e Abnahme, s Schrumpfen, r Anstieg, e Zunahme, s Sinken, s Fallen, e Erhöhung, s Wachsen/s Wachstum, s Anwachsen, e Reduktion/e Reduzierung, s Aussterben, e Ausdehnung, e Vergrößerung, r Fortbestand, e Stabilisierung, e Lösung.

9 Rohölressourcen/Rohölpreis, Zeitraum/-verlust, Bevölkerungswachstum, Wüstenausdehnung, Tierarten, Energieeinsparung/Energieressourcen/Energiepreis, Bodenerosion, Naturwissenschaft, Ackerland, Familienplanung.

1.2 Der Wald stirbt

1 1. b, 2. b, 3. a, 4. b.

4 1. ... wird der Wald krank und stirbt. 2. ... wird die Luft verschmutzt / entsteht ein gefährliches Pflanzengift. 3. ... sterben die Bäume / gehen die Bäume kaputt. 4. ... werden jährlich viele Tausend Tonnen Schwefeldioxid freigesetzt. 5. ... werden jährlich viele Tausend Tonnen Schwefeldioxid freigesetzt. 6. ... nimmt der SO_2-Gehalt in der Luft zu. 7. ... gelangt saurer Regen in den Boden. 8. ... wird das SO_2 ausgewaschen / kann das SO_2 ausgewaschen werden. 9. ... wird der Umweltschutz gewährleistet / läßt sich das Waldsterben vielleicht noch verhindern.

5 2. Wenn Stickoxide und Schwefeldioxid gebildet werden, ... 3. Weil/Da die Wurzeln geschädigt werden, ... 4. Wenn elektrische Energie aus Kohle gewonnen wird, ... 5. Wenn schwefelhaltige Kohle verbrannt wird, ... 6. Indem/Dadurch, daß viele Tausend Tonnen SO_2 freigesetzt werden, ... 7. Wenn Schwefelsäure im Regenwasser gebildet wird, ... 8. Indem/Dadurch, daß die Abgase gründlich gefiltert werden, ... Dadurch, daß andere Energieträger verwendet werden, ...

6 Adjektiv: trocken, gelöst / lösbar / löslich, geschädigt, verbrannt, ersetzt / ersetzbar.
Verb: krank sein / werden, erkranken, gesund sein / werden, gesunden, groß sein / werden, vergrößern.
Substantiv: e Gesundheit, e Größe, e Trockenheit, e Lösung, e Schädigung, r Ersatz.

7

10% =	ein Zehntel	= weniger als ein Viertel	
25% =		weniger als ein Drittel	
33% =		mehr als ein Viertel	
40% =	vier Zehntel	=	= ein Teil
45% =	neun Fünftel	=	= ein Teil
50% =		–	–
66% =		mehr als die Hälfte	
75% =		weit mehr als die Hälfte	

9 1. Kohle und Öl müssen durch andere Energiequellen ersetzt werden. 2. Es muß Kernkraft eingesetzt werden. 3. In allen Staaten müssen die gleichen Maßnahmen getroffen werden. 4. Auf dem Gebiet des Umweltschutzes muß zusammengearbeitet werden. 5. Die Katastrophe des Waldsterbens muß verhindert werden.

1.3 Heizt sich die die Atmosphäre auf?

1

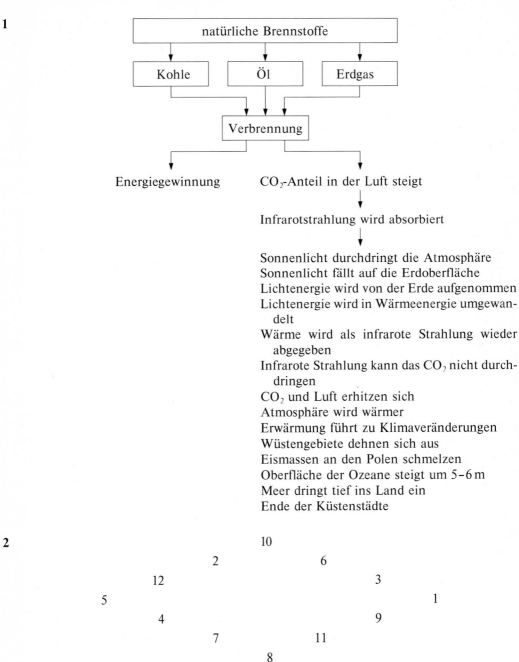

natürliche Brennstoffe

Kohle   Öl   Erdgas

Verbrennung

Energiegewinnung CO_2-Anteil in der Luft steigt

Infrarotstrahlung wird absorbiert

Sonnenlicht durchdringt die Atmosphäre
Sonnenlicht fällt auf die Erdoberfläche
Lichtenergie wird von der Erde aufgenommen
Lichtenergie wird in Wärmeenergie umgewandelt
Wärme wird als infrarote Strahlung wieder abgegeben
Infrarote Strahlung kann das CO_2 nicht durchdringen
CO_2 und Luft erhitzen sich
Atmosphäre wird wärmer
Erwärmung führt zu Klimaveränderungen
Wüstengebiete dehnen sich aus
Eismassen an den Polen schmelzen
Oberfläche der Ozeane steigt um 5–6 m
Meer dringt tief ins Land ein
Ende der Küstenstädte

2

10
2   6
12   3
5   1
4   9
7   11
8

3 1. Ja, 2. Ja, 3. Ja, 4. Nein, 5. Nein, 6. Nein, 7. Ja, 8. Nein, 9. Ja, 10. Ja.

4 CO_2/Kohlendioxid, Luft, Energie, Brennstoffen, Stoffe, CO_2/Kohlendioxid, Atmosphäre, Kohlendioxidgehalt.

5 1. Zeile 5–13, 2. Zeile 15–18, 3. Zeile 22–26, 4. Zeile 30–32, 5. Zeile 32–40, 6. Zeile 41–43, 7. Zeile 47–54.

6 1. Den größten Teil unserer Energie bekommen wir heutzutage aus natürlichen Brennstoffen.
2. Kleine Mengen von Kohlendioxid bedeuten noch keine Gefahr.
3. Je mehr CO_2 sich in der Atmosphäre befindet, desto mehr stellt dies eine Gefahr dar.
4. Stellen wir uns einmal vor, daß sich relativ viel CO_2 in der Atmosphäre befindet.
5. In der Sonne liegende Steine werden warm, wie wir wissen.

1.4 Nutzen für uns – Schaden für unsere Kinder

1 DDT ⟶ Versprühen des DDT ⟶ Verdampfen des DDT ⟶ durch Wind weiterbefördert ⟶ landet auf der Erde/schlägt sich auf der Erde nieder, gelangt in die Ozeane ⟶ wird von kleinen Lebewesen aufgenommen ⟶ kleine Lebewesen dienen Fischen als Nahrung ⟶ Menschen essen Fische/DDT im menschlichen Körper.

2 1. b, 2. c, 3. b, 4. c, 5. a.

3 wegen – trotzdem – Deshalb – Obwohl.

4 hergestellt – jährlich – etwa – ehe – sich niederschlagen – aufnehmen/verzehren – vorausgehend – sich ereignen – weltweit – einschränken – benutzen – dennoch – künftig – heute.

2 Energie

2.1 Strom aus Sonnenlicht

2 1. d, 2. c, 3. b, 4. a, 5. e

3 führen ... zu, richtet ... aus, erhitzt, verdampft, leitet ... zu, treibt ... an, kühlt ... ab, pumpt ... zurück.

4 1. ... daß ihre Brennpunkte alle auf dem Kessel liegen. 2. ... daß die Sonnenstrahlen in jedem Moment auf den Heizkessel treffen. 3. ... daß es von ihnen auf den Kessel fokussiert wird. 4. ... daß die Spiegel ständig bewegt werden müssen. 5. ... daß elektrische Energie aus

Sonnenlicht keineswegs kostenlos ist. 6. ... daß es nicht so rentabel ist wie z. B. ein Ölkraftwerk (z. B.) 7. ... daß der Bau eines solchen Kraftwerks nicht sinnvoll erscheint (z. B.).

5 aufgenommen, bestanden, fokussiert, erhitzt, verdampft, geströmt, angetrieben, abgekühlt, zurückgepumpt.

6 Energie liefern, Energiequelle nutzen, Energie gewinnen, Öl liefern, Spiegel bewegen, seinen Betrieb aufnehmen, Wasser pumpen, Generator antreiben, die Position verändern, Geld kosten, Wälder vernichten, eine bestimmte Leistung liefern/haben.

7 Verben: verbilligen, vergrößern, verkleinern, veralten, erneuern, verschönern, verlängern, verkürzen.
Substantive: Verbilligung, Vergrößerung, Verkleinerung, Alterung/das Altern, Erneuerung, Verschönerung, Verlängerung, Verkürzung.

9 „normal": gekrümmt, krumm, schräg, gebogen, schief.
nicht „normal": verbogen, (krumm), (schief).

10 abtreiben, antreiben, austreiben, betreiben, vertreiben, zurücktreiben.
abführen, anführen, ausführen, mitführen, verführen, zuführen, zurückführen.

11 Ölpreis, Dritte Welt, Computer, Turbine, Generator, Sonne, Heizkessel, Spiegel.

UMWELTSCHUTZ.

2.2 Energie aus Atomen

1

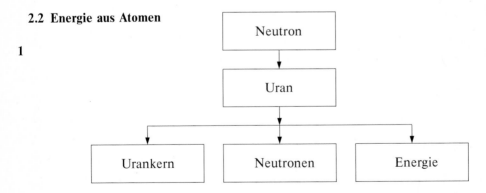

2 bestrahlte, Neutronen, absorbieren, Neutronenaufnahme, leichtere, Spaltung, Energie, Neutronen, Urankerne, freigesetzt, Kettenreaktion.

3 1. Herausziehen der Steuerstäbe – eine Beschleunigung der Kettenreaktion, 2. die Kettenreaktion – beschleunigen – die Brennstäbe herausgezogen werden, 3. die Kettenreaktion beschleunigt abläuft – die Brennstäbe herausgezogen werden.

4 Fehler: Richtig:
   1. langsam   schnell   Z. 3
   2. Brennstäbe   Steuerstäbe   Z. 4
   3. abstoßen   absorbieren   Z. 5/6
   4. von Hand   automatisch   Z. 7
   5. aus dem Reaktor herausgezogen in den Reaktor hineingeschoben   Z. 7
   6. gespaltenen   überschüssigen   Z. 8
   7. beschleunigt   abgefangen   Z. 9

5 1. b, 2. c, 3. a, 4. b, 5. c.

6 1. ... verwandelte sich das Uran in zwei leichtere Elemente. 2. ... wird Energie frei. 3. ...
werden wiederum Neutronen und Energie freigesetzt. 4. ... ist diese Kettenreaktion erforderlich. 5. ... darf die Kettenreaktion nicht zu schnell ablaufen. 6. ... werden die Steuerstäbe
in den Reaktor hineingeschoben. 7. ... läuft die Kettenreaktion schneller ab. 8. ... wird das
verdampfte Wasser benutzt.

7 wenn-bei, indem-durch, nachdem-nach, um zu-für, um zu-zu, weil-wegen.

8 Freisetzung, Atomreaktor, Urankerne, Grundlage, Kettenreaktion, Kernspaltung, Brennstäbe.

9 Bestrahlung, Erzeugung, Gewinnung, Spaltung, Verwandlung, Füllung, Einführung,
Mischung.

10 1. wird – bestrahlt, 2. wird – verwandelt, 3. werden – gespalten,
   4. wird – freigesetzt, 5. wird – gewonnen, 6. wird – erzeugt.

2.3 Die Kernfusion

1 1. Nein, 2. Ja, 3. Nein, 4. Nein, 5. Ja, 6. Nein, 7. Nein, 8. Nein.

2 1. ... die hohe Energiekonzentration des Lasers zur Erhitzung ausgenutzt werden kann.
2. ... einem kugelförmigen, gasleeren Druckbehälter. 3. ... münden in diesen Druckbehälter.
4. ... treffen sich im Mittelpunkt des Druckbehälters. 5 ... fällt in den Druckbehälter. 6. ...
sobald das Wasserstoffkügelchen den Mittelpunkt des Druckbehälters erreicht hat. 7. ... wird
in Bruchteilen von Sekunden zusammengepreßt und auf viele Millionen Grad erhitzt. 8. ...
nimmt die bei der Kernfusion freiwerdende Wärmeenergie auf. 9. ... wird von dem Kühlmittel durchströmt. 10. ... werden durch Dampf in Bewegung gesetzt.

4 der Grund/einen Brennstoff besitzen/Energie liefern/jedoch/hocherhitztes Gas/nennen/
gewöhnlich/sich abstoßen/extrem hohe Temperaturen/trotz der Abstoßungskraft/entspre-
chend der Formel Einsteins/die Folge ist/der Ausstoß von Energie/eine gewaltige Menge/
bezeichnen/Kernfusion.

6 warm, Brennstoff, verbrannt, verschmolzen, Temperaturen, hocherhitztes Gas, extrem hohe Temperaturen, verschmelzen, Anfangstemperatur, das hocherhitzte Plasma, verdampfen, mit höchsten Temperaturen, zur Erhitzung, erhitzt, Wärmeenergie, Wärmetauscher.

7

	-leer	-voll	-reich	-los
gas-	×		×	
halb-	×	×		
luft-	×			
licht-		×		
wasser-			×	
energie-			×	×
kontrast-			×	
stufen-			×	×
draht-				×
inhalts-	×		×	
wirkungs-		×		×

8 das Innere der Sonne/der Wasserstoff der Sonne/die Masse der beteiligten Kerne/der Ausstoß einer gewaltigen Menge Energie/die Labors der Max-Planck-Gesellschaft/die hohe Energiekonzentration des Lasers/eine Reihe leistungsstarker Laserkanonen/der Mantel des Reaktors/die Dauer einer Milliardstel Sekunde/die Leistung aller Kraftwerke der Bundesrepublik.

2.4 Wärme aus kaltem Wasser

1 Wärme, Anstieg, Siedepunkt, Flüssigkeit, Aufnahme, Temperatur, Verdampfen.

3 5., 3., 2., 1., 6., 9., 7., 4., 8., 10., 11., 13., 14., 12.

4 Gefrierpunkt/Kondensationspunkt, Kälte, Festigkeit, Zufuhr, veränderlich/variabel, zuführen, Wärmeaufnahme/Wärmezufuhr, fallen/sinken, fest/flüssig, warm/heiß, (sich) abkühlen/erkalten, Wasser, fest werden/erstarren, verdünnen, (sich) abkühlen, Druckanstieg.

5 1. ... steigt ihre Temperatur bis zum Siedepunkt. 2. ... nimmt sie Wärmeenergie auf. 3. ... erhöht sich die Temperatur weiter. 4. ... sinkt die Temperatur bis zum Kondensationspunkt. 5. ... sinkt die Temperatur bei Wärmeabgabe weiter.

6 bei, von, durch, nach, unter, von, auf.

7 entfernen, wegnehmen.

8 1. Verdampfen: Wärmeentnahme aus „kaltem" Flußwasser/Temperatur von 10 °C/Aufnahme von Wärmeenergie aus der „kalten" Umgebung/konstante Temperatur von 2 °C.
2. Verdichten: Kompressor/Druckerhöhung/Erhitzung des Dampfes/Kondensationspunkt bei 60 °C.
3. Verflüssigen: zweiter Wärmetauscher/in einem Rohr zirkulierendes Heizungswasser/ Abgabe von Kondensationswärme/Erwärmung des Heizungswassers.
4. Entspannen: Entspannungsventil/Druckabfall.

9 1. Dabei zirkuliert in einem Rohr ein Arbeitsmittel, das ... verdampft und ... kondensiert.
2. Durch den Wärmetauscher strömt das „kalte" Wasser eines Flusses, dessen Temperatur ... liegt. 3. Das Arbeitsmittel, dessen Temperatur ... bleibt. 4. Der Dampf, dessen Kondensationspunkt ... liegt. 5. Im zweiten Wärmetauscher umströmt der heiße Dampf ein Rohr, in dem ... zirkuliert. 6. Das Arbeitsmittel, dessen Temperatur und Druck ... bleiben. 7. Es kommt zu einem Druckabfall, der zur Folge hat, daß ... 8. Der Kompressor benötigt elektrische Energie, die ... ermöglicht.

3 Motoren

3.1 Dieselmotoren für Kleinwagen

1 Straße: Fahrrad, PKW, Traktor, LKW, Bagger, Motorrad, Bus, Krankenwagen, Zubringerbus.
Schiene: Zug, Lokomotive, Güterzug, Straßenbahn, U-Bahn, Magnetbahn, Bergbahn.
Luft: Hubschrauber, Flugzeug, Challenger.
Wasser: Lastkahn, Fähre, Passagierschiff, Öltanker, Segelboot, Containerschiff, Dampfer, Motorboot.
(Die nicht erwähnten Transportmittel sind in der Zuordnung zu diskutieren.)

3 1. Ja. 2. Nein, 3. Ja, 4. Ja, 5. Nein, 6. Ja, 7. Ja, 8. Nein.

5 Dieselmotoren sind: teurer, einfacher zu warten, energiesparender, sauberer, sparsamer.
Dieselmotoren haben: eine längere Lebensdauer, einen geringeren Treibstoffverbrauch, sauberere Auspuffgase, eine mehr als doppelt so hohe Verdichtung, schadstoffarme Verbrennung, einen höheren Wirkungsgrad ...
Benzinmotoren: (Gegenteile zu oben aufgeführten Eigenschaften)

6 1. vor allem, 2. dagegen, 3. bis vor kurzem, 4. fast, 5. ausschließlich, 6. jedoch, 7. bis dahin, 8. freilich, 9. außerordentlich, 10. schon längst.

7 1. –, 2. das Gehalt, 3. schwer, 4. antreiben, 5. kommen, 6. Leistung, 7. Überfluß, 8. Energieträger, 9. Absatz, 10. –

8 für, durch, für, auf, bei, für, in, von, auf, von, im, zum, bei.

3.2 Die Arbeitsweise des Dieselmotors

1 2. Erreichen des unteren Totpunktes/Schließen des Einlaßventils/Aufwärtsbewegung des Kolbens/Verdichten der angesaugten Luft/Temperaturanstieg der Luft.
3. Einspritzen des Dieseltreibstoffs/Entzünden und Verbrennen des Treibstoff-Luft-Gemischs/Anstieg von Temperatur und Druck/Abwärtsdrücken des Kolbens/Übertragung der Kraft auf die Kurbelwelle.
4. Erneutes Erreichen des unteren Totpunktes/Öffnen des Auslaßventils/Aufwärtsbewegung des Kolbens/Ausstoßen der Verbrennungsgase.

2 1. Der Kolben ist durch den Pleuel mit der Kurbelwelle verbunden. 2. Der Kolben bewegt sich nach unten. 3. Das Einlaßventil ist geöffnet. 4. Das Einlaßventil wird geschlossen. 5. Der Kolben bewegt sich nach oben. 6. Die Luft erhitzt sich. 7. Dieseltreibstoff wird durch die Einspritzdüse in den Zylinder gespritzt. 8. Das Treibstoff-Luft-Gemisch entzündet sich in der erhitzten Luft. 9. Der Kolben wird durch die heißen Verbrennungsgase nach unten gepreßt. 10. Die Kraft wird durch den Pleuel auf die Kurbelwelle übertragen. 11. Das Auslaßventil öffnet sich. 12. Die Verbrennungsgase werden durch die Kolbenbewegung ausgestoßen.

3 1. Der Kolben bewegt sich im Zylinder. 2. Der Pleuel verbindet den Kolben mit der Kurbelwelle. 3. Die Kurbelwelle rotiert im Kurbelgehäuse. 4. Einspritzdüse, Einlaßventil und Auslaßventil befinden sich im Zylinderkopf. 5. Der Kolben saugt Luft in den Zylinder. 6. Der Kolben verdichtet die angesaugte Luft. 7. Der Treibstoff entzündet sich in der erhitzten Luft. 8. Der Pleuel überträgt die Kraft auf die Kurbelwelle.

4 1. b, 2. e, 3. c, 4. f, 5. d, 6. a.

3.3 Gasturbine und Strahltriebwerk

1

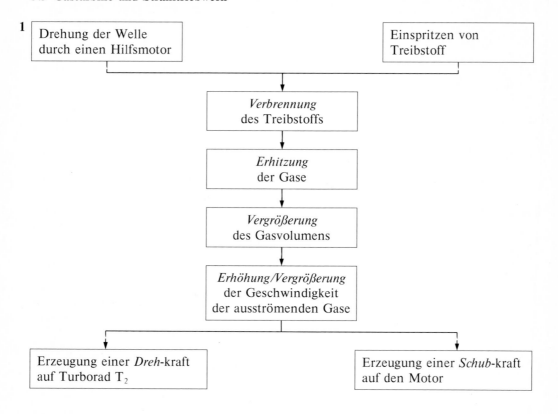

| Drehung der Welle durch einen Hilfsmotor | | Einspritzen von Treibstoff |

Verbrennung des Treibstoffs

↓

Erhitzung der Gase

↓

Vergrößerung des Gasvolumens

↓

Erhöhung/Vergrößerung der Geschwindigkeit der ausströmenden Gase

Erzeugung einer *Dreh*-kraft auf Turborad T_2

Erzeugung einer *Schub*-kraft auf den Motor

2 2. Schubkraft, 3. Erhitzung der Luft im Gehäuse, 4. Ansaugen kalter Luft durch das Turborad, 5. Vergrößerung des Volumens des Gases, 6. Drehkraft, 7. Rotation der Welle.

4 1. erzeugt, 2. wird – verbrannt, 3. erhitzt sich, 4. wird – angesaugt, 5. strömt, 6. vergrößert sich, 7. wirkt.

5 1. Wenn zwischen den beiden Turborädern Treibstoff verbrannt wird, erhitzt sich die Luft im Gehäuse. 2. Da wir die Welle drehen, wird durch das Turborad kalte Luft angesaugt. 3. Kalte Luft wird angesaugt, während heiße Luft durch das Rad ausströmt. 4. Weil die Luft sich erhitzt, vergrößert sich das Volumen des Gases. 5. Weil die Geschwindigkeit des aussströmenden Gases größer ist als die Geschwindigkeit der einströmenden Luft, ist die Drehkraft größer als die Kraft, welche man braucht, um das Rad mit der Welle anzutreiben.

6 Luftstrom/Niederdruck und Hochdruck/Start/Komprimieren der angesaugten Luft/ Anstieg der Temperatur/Einspritzen und Verbrennen von Treibstoff/Temperatur, Strömungsgeschwindigkeit/Düse/Anstieg der Geschwindigkeit der Gase/Schubkraft.

7 Fan: Erzeugung eines Luftstroms, Hilfsmotor: Inbetriebsetzen der Verdichter, Verdichter: Luft ansaugen und komprimieren, Brennkammer: Verbrennung von Treibstoff, Turbine: Antrieb von Fan und Kompressoren, Düse: Erzeugung einer Schubkraft.

8 Waagerecht: Verdichter, Motor, Luft, Stufe, Fan, Energie, Flugzeug.
Senkrecht: Teil, Volumen, Prinzip, Turbine, Treibstoff.

3.4 Treibstoff aus Wasser

1 1. c, 2. a, 3. b, 4. d, 5. d, 6. b, 7. a, 8. c.

2 1. Wasserstoff kann durch chemische oder elektrolytische Zerlegung des Wassers gewonnen werden. 2. Wasserstoff läßt sich nicht in einem Benzintank transportieren. 3. Der Wasserstoff kann von den Metallatomen abgetrennt und als Treibstoff zum Motor geleitet werden. 4. Das erhitzte Kühlwasser des Motors oder die heißen Abgase lassen sich leicht durch den Tank pumpen. 5. Jeder Benzinmotor kann nach geringfügigen Veränderungen auch als Wasserstoffmotor verwendet werden. 6. Wasserstoffmotoren lassen sich ohne Schwierigkeiten bauen.

3 machbar, kontrollierbar, trennbar, nutzbar, lösbar, spaltbar, dehnbar, verwendbar, verschiebbar, tragbar, verstellbar.

4 1. Zwar – aber, 2. Zwar – aber, 3. Zwar – aber, 4. sowohl – als auch, 5. weder – noch, 6. sowohl – als auch, 7. sowohl – als auch, 8. Zwar – aber, 9. entweder – oder, 10. entweder – oder.

5 Benzin/Treibstoff, fast/beinahe, grenzenlos, jedoch/aber, Möglichkeit, zum Beispiel, jedoch/aber, sein, können (kann man), mühelos/ohne Schwierigkeiten, leicht, benutzen, Problem, beträchtlich/erheblich, preisgünstig/preiswert/billig.

4 Aus der Elektrotechnik

4.1 Energiespeicher unter der Erde

1 1. b, 2. a, 3. c, 4. b.

2 1. besteht, 2. arbeitet, 3. erhält, 4. treibt – an, 5. pumpt, 6. wird – abgekühlt, 7. beträgt.

3 1. Komprimierte Luft strömt durch Brennkammern. 2. Die komprimierte Luft wird durch Gasflammen erhitzt. 3. Die komprimierte Luft nimmt noch mehr Energie auf. 4. Die erhitzte Luft strömt durch eine Gasturbine. 5. Die Gasturbine treibt die elektrische Maschine an.

6. Die elektrische Maschine arbeitet als Generator. 7. Die Anlage gibt eine Leistung von 290 Megawatt ab.

4 1. an, 2. im, 3. von, 4. von, 5. in, 6. auf, 7. in, 8. von, 9. in, 10. zur, 11. auf, 12. von.

5 1. elektrische Energie, die gespeichert worden ist, 2. Luft, die in Hohlräume gepreßt worden ist, 3. Hohlräume, die künstlich geschaffen worden sind, 4. Wasser, das in den Salzstock gepumpt worden ist, 5. Wasser, das Salz löst, 6. die Salzlösung, die in das Meer geleitet worden ist, 7. die Maschine, die als Generator arbeitet, 8. die Elektrizität, die zur Verfügung steht, 9. der Motor, der einen Verdichter antreibt, 10. die Luft, die komprimiert und erhitzt worden ist, 11. die Energie, die nachts gespeichert worden ist, 12. die Luft, die durch Brennkammern strömt.

7 Kraftwerk, Energiespeicher, Nachtenergie, Energiespeicherung, Rauminhalt, Salzstock, Nachtstunde, Luftspeicher, Luftmasse, Energiebedarf, Gasflamme, Gasturbine, Salzlösung.

4.2 Strom ohne Widerstand

1 1. Nein, 2. Ja, 3. Ja, 4. Nein, 5. Nein, 6. Ja, 7. Ja, 8. Ja.

2 1. eine Temperatur, die steigt; 2. ein Bedarf, der wächst; 3. ein Bedarf, der sinkt; 4. eine Leitfähigkeit, die von der Temperatur abhängt; 5. eine Leitfähigkeit, die sich verändert; 6. ein Kabel, das Strom leitet; 7. eine Stromstärke, die sich nicht verändert.

3 1. a, 2. c, 3. a, 4. b, 5. c, 6. b, 7. c, 8. c, 9. a, 10. c.

4 Je größer der Widerstand ist, desto (um so) geringer ist die Stromstärke. Je niedriger die Temperatur ist, desto (um so) geringer ist der Widerstand. Je größer die in einem Kabel übertragene Leistung ist, desto (um so) größer sind die Wärmeverluste durch den elektrischen Widerstand. Je mehr der Energiebedarf steigt, desto (um so) größere elektrische Leistungen müssen übertragen werden. Je größer der Stromverbrauch ist, desto (um so) mehr elektrische Energie muß erzeugt werden.

5

	-frei	-los
verlust-	×	
geräusch-		×
wirkungs-		×
störungs-	×	
rausch-	×	
grund-		×
staub-	×	
eisen-	×	
nutz-		×
zweifel	(s) ×	×

6 Waagerecht: Bedarf, Stromstärke, Widerstand, Metall, Verlust.
Senkrecht: Ring, Strom, Temperatur, Draht, Leiter.

4.3 Elektrizität aus heißen Gasen

1 negativ geladene Elektronen   positiv geladene Ionen
                                   Magnetfeld
                                   Leiter

3 erhitzt, Elektronen, zerfallen, überhitztes, genannt, durchströmt, geladenen, abgelenkt, Elektronen, entsteht, Platte, aufgenommen, verbindet, fließt.

4 gefällt, zerfallen, verfällt, fallen, fällt, fällt, gefällt, verfallen, zerfällt, verfallen, fällt.

	antreiben	erhitzen	übertragen	erzeugen	erlangen	strömen	ablenken	umwandeln	bezeichnen	aufnehmen
Energie			×					×		×
einen Generator	×									
ein Gas		×		×				×		×
als Plasma									×	
durch ein Magnetfeld							×			
Teilchen							×			×
Ladungsträger (Subjekt)										×
Bedeutung					×					
Plasma (Subjekt)						×				
Strom				×						

6 Vorteil, schwer/schwierig, abkühlen, kalt, altmodisch/veraltet, unterkühlt, zur anderen Seite, abgeben, zweifelhaft, ausführlich, indirekt, vergehen/sich auflösen/verschwinden.

4.4 Schwebende Züge

1 Wechselstrom, Widerstand, Erdung, Spule, Strom, Spannung, Diode, Leistung, Batterie, Gleichstrom, Generator, Meßgeräte, Relais, Transistor.

3 1. Wenn sich ein Magnetfeld in einer Leiterschleife verändert, dann entsteht eine elektrische Spannung. 2. Wenn die Schleifenenden verbunden sind, dann fließt ein Strom. 3. Wenn Strom durch eine Leiterschleife fließt, dann entsteht ein Magnetfeld. 4. Wenn Strom durch eine Leiterschleife fließt, in der sich ein Stück weiches Eisen befindet, dann wird auch das Eisen magnetisiert.

4 umwandeln/verändern: verflüssigen, verstellen, verringern, verlängern, verkleinern. zusammensetzen/zusammenfügen: verschrauben, verdrahten, vermischen, verfalzen. Vorgang oder Tätigkeit mit negativem Ergebnis: verschwinden, verdrehen, verzerren, sich verschreiben, verunreinigen, sich vertun, verbiegen, sich versprechen, sich verlaufen.

5

Verb	Substantiv
montieren	Montage
addieren	Addition
reflektieren	Reflektion
magnetisieren	Magnetisierung
kritisieren	Kritik
telefonieren	Telefon
realisieren	Realität
multiplizieren	Multiplikation
dividieren	Division
automatisieren	Automation
industrialisieren	Industrialisierung
technisieren	Technisierung

6

	gehen	rollen	wandern	laufen	fliegen	schwimmen	schweben	fahren	steigen
Menschen	×		×	×	×	×	×	×	×
Autos		×		(×)				×	
Züge	(×)	×					×	×	
Flugzeuge	(×)	×			×		×		
Raketen					×				
Ballon					×				
Transrapid							×	×	
Schiffe	(×)					×		×	
Straßenbahnen	(×)							×	
Fahrräder		×						×	

7	-artig	-förmig	-ähnlich
neu-	×		
schleifen-		×	
kugel-		×	
gas-		×	
kreis-		×	
punkt-		×	
glas-	×		×
ei-		×	
ring-		×	
leder-	×		×
schrauben-		×	
scheiben-		×	
kristall-	×	×	×
gummi-	×		×

9 Eisen, Generator, Leiter, Magnet, Schiene, Schleife, Spannung, Stator, Wagen, Wicklung.

5 Aus der Elektronik

5.1 Am Anfang der dritten industriellen Revolution

1 1. Ja, 2. Nein, 3. Ja, 4. Nein, 5. Ja, 6. Ja, 7. Nein, 8. Nein, 9. Ja, 10. Offen.

4 2. Die Blechteile werden von den Robotern an die richtige Stelle gelegt. 3. Die einzelnen Teile werden dann (von ihnen) zusammenmontiert. 4. Einzelne Teile werden zusammengeschweißt. 5. Blechteile werden zusammengeschraubt. 6. Die Kurbelwelle wird eingebaut. 7. Anschließend wird die Karosserie lackiert.

5 1. ..., der zu den unermüdlichsten Arbeitern im VW-Werk gehört. 2. ..., den Mikroprozessoren steuern, 3. ..., das aus vielen Tausend elektronischen Bauelementen besteht. 4. ..., der die Größe einer halben Briefmarke hat. 5. ..., der die eintönigsten Arbeiten macht. 6. ..., dem man kein Gehalt zu zahlen braucht.

6 muß – kann – kann – darf – braucht – möchten/wollen – wollen.

7 unermüdlichsten, eintönigsten, schwierigsten, entsprechenden, richtige, kompliziertesten, jüngsten, erforderlich, überflüssig, größten.

8 Sie brauchen kein Gehalt, keinen Urlaub, keine Wohnung, keine Frau, keinen Wecker, keinen Chef.
Sie brauchen nicht zu essen, zum Arzt zu gehen, Kaffee zu trinken, mit Kollegen/Kolleginnen zu sprechen, in die Kneipe zu gehen.

9 Sie sind in der Lage, 1. ... die schwierigsten Arbeiten zu erledigen. 2. ... Blechteile an die richtige Stelle zu legen. 3. ... die Teile zusammenzuschweißen oder -zuschrauben. 4. ... die Karosserie zu lackieren.

5.2 Dioden und Transistoren

1 integrierte Schaltkreise – Chip – Halbleitermaterial – Silizium – Atome – Kristall.

2

	Siliziumatom	*Antimon*	*Gallium*
Anordnung	regelmäßig		
Anzahl Elektronen	4	5	3
frei/gebunden	fast keine freien	ein Elektron frei beweglich	ein Elektron zu wenig = Loch
Reaktion bei Spannung		freie Elektronen wandern zum positiven Pol	freie Elektronen wandern zum positiven Pol
Nichtleiter/Halbleiter	Nichtleiter		

3 n-Silizium
Antimon → Siliziumkristall → Spannung anlegen → freie Elektronen wandern zum positiven Pol → neue Elektronen vom negativen Pol strömen in den Kristall → Elektronen leiten den Strom.
p-Silizium
Gallium → Siliziumkristall → Spannung anlegen → Elektronen wandern zum positiven Pol → fallen in „Löcher" → „Löcher" wandern zum negativen Pol.

7 1. ... werden die freien Elektronen vom positiven Pol angezogen und entfernen sich von der Verbindungsstelle. 2. ... bewegen sich die Löcher von der Verbindungsstelle weg und wandern zum negativen Pol. 3. ... werden die freien Elektronen in der n-Zone vom negativen

Pol abgestoßen und wandern zur Verbindungsstelle. 4. ... nähern sich die positiven Löcher der Verbindungsstelle von der anderen Seite. 5. ... bildet sich zwischen der n-Zone links und der p-Zone eine Sperrschicht. 6. ... ziehen die positiven Ladungen im Metall die freien Elektronen in der p-Schicht an.

8 Neutron – gebunden – anziehen – sich entfernen/auftauchen – keinen Strom leiten – ausschalten – abstoßen/sich nähern – Nichtmetall – Leiter/(Halbleiter) – viel.

9 leiten – Schale – wandern – strömen – Lücke (Loch) – Verbindungsstelle/Schicht – Ladung – Zone – Pol – Kanal.

10 abstoßen ≠ anziehen, anstoßen = bewegen, aufstoßen = was man u. U. nach dem Essen tun muß, verstoßen = eine Person nicht mehr um sich haben/sehen wollen, zerstoßen = klein machen/zerkleinern, zustoßen = passieren.

12 Beispiel:
K̲ur – R̲aubtierbau – is̲t – S̲tock – T̲au – aber – lau̲t – l̲os/L̲os – soll̲/Soll̲ – T̲al – R̲ikscha – U̲mlaut – K̲urs̲ – T̲ierquälerei̲ – U̲hr̲ – R̲ock̲.

5.3 Eine Kopie in zehn Sekunden

1 dünne, Selen, Element, besser, stärker, belichtet, negativ, Überschuß, belichtet, geladen, Elektronen, Unterlage, neutral(isiert), unbelichteten, negativen, „elektronisches".

2 1. Ja, 2. Nein, 3. Ja, 4. Ja, 5. Ja, 6. Nein, 7. Ja, 8. Ja, 9. Nein, 10. Nein.

3 1. Das Bild wird dabei auf ein Band projiziert, das sich bewegt. 2. Die Selenschicht, die sich auf dem Band befindet, leitet den Strom. 3. Die Selenschicht, die negativ aufgeladen ist, erhält einen Überschuß an Elektronen. 4. Die Stellen, die belichtet (worden) sind, leiten den Strom. 5. An den Stellen, die nicht belichtet worden sind, bleiben die Ladungen erhalten. 6. Das Bild, das auf die Selenschicht projiziert wird, ist ein unsichtbares „elektronisches" Bild. 7. Es entsteht ein „elektronisches" Bild des Textes, der zu kopieren ist. 8. Das Farbpulver, das positiv geladen ist, wird auf ein Band gestreut. 9. Das Pulverbild, das mit Hilfe einer Walze auf ein Blatt Papier gepreßt wird, wird erhitzt.

4 Kopiergerät – Deckglas – Fotoapparat – Selenschicht – Farbpulver – Farbteilchen – Pulverbild – Fotokopie.

5 heute – ein anderer – andere – dick / uninteressant – schlechter – schwächer – positiv / Mangel – Äußeres – unbelichtet – sichtbar / grob – abstoßen – hell – abkühlen.

6 1. Das Bild ist unsichtbar. 2. Die Schrift ist gut lesbar. 3. Das System ist kontrollierbar. 4. Das Bild ist projizierbar.

5.4 Eine Vergrößerung von 1:10 000 000

1 1. Zeile 4–8, 2. Zeile 9–12, 3. Zeile 12–16, 4. Zeile 12–16, 5. Zeile 16–18, 6. Zeile 21–38, 7. Zeile 39–42, 8. Zeile 42–46, 9. Zeile 47–56, 10. Zeile 57–65.

2 1. Ja, 2. Ja, 3. Nein, 4. Nein, 5. Nein, 6. Ja, 7. Ja, 8. Ja, 9. Nein, 10. Ja.

3 veraltet – kurz – über – weniger/verkleinern – undurchlässig – schrumpfen – davor/unähnlich – dick – dunkel – ungerade – viele.

4 Elektronenmikroskop – Fernsehröhre/-schirm – Objektträger – Bundesrepublik – Bildschirm/-röhre – Metallspitze.

5 Kongreß – zeigen – anschauen – sich vergrößern/erhalten, bekommen – Verbindung – gleich – herstellen.

6 Mit Hilfe eines Wörterbuchs ..., Mit Hilfe passender Werkzeuge ... .

6 Aus der naturwissenschaftlichen Forschung

6.1 Die kleinsten Bausteine der Materie

1 1. ... einem Vakuumrohr (in Form eines Ringes). 2. ... Elektronen. 3. ... in entgegengesetzter Richtung. 4. ... werden an zwei Stellen des Ringes aufeinandergeschossen. 5. ... verwandeln sie sich in Energie. 6. ... Bildung einer ganzen Reihe verschiedenartiger neuer Teilchen.

2 1. ... Protonen und Neutronen. 2. ... bilden den Atomkern. 3. ... umkreisen den Kern.

3 a) Woraus besteht die Materie?, b) unser Bild von ihren kleinsten Bausteinen, c) relativ einfach, d) so glaubte man, e) bald jedoch entdeckte man, f) das man als Positron bezeichnete, g) bis man schließlich einen ganzen „Zoo" von fast hundert Arten gefunden hatte, h) je kleiner die Teilchen sind, um so größer ist die Energie, die man zu ihrer Untersuchung benötigt, i) ein Beschleuniger dieser Art, j) ein Vakuumrohr, k) in Form eines Ringes, l) Durch starke Magnete werden sie in der Ringbahn gehalten, m) in entgegengesetzter Richtung, n) kreisen, o) eine ganze Reihe verschiedenartiger Teilchen.

4 1. Woraus bestehen die Atome? 2. Was bilden Protonen und Neutronen? 3. Wozu gehören das Neutrino und das Positron? 4. Als was bezeichnet man das positive „Elektron"? 5. Wozu benötigt man sehr viel Energie? 6. Woraus besteht ein Teilchenbeschleuniger? 7. Wodurch werden die Elektronen in der Ringbahn gehalten? 8. Wie kreisen (die) Positronen? 9. Wo werden Elektronen und Positronen aufeinandergeschossen? 10. Woraus entstehen neue Teilchen?

5 1. c, 2. d, 3. a, 4. b.

6 1. auf, 2. in, 3. aus, 4. in, 5. auf, 6. aus.

7 1. umkreisen, umrunden, umfließen, umfassen, umströmen, umgehen, umgeben.
2. umändern, umbauen, umarbeiten, umziehen, umdrehen, umbiegen, umfüllen, umwandeln.

8 kugelförmig: Eine Sache, die kugelförmig ist, hat die Form einer Kugel.
spiralförmig: Eine Sache, die spiralförmig ist, hat die Form einer Spirale.
schraubenförmig: Eine Sache, die schraubenförmig ist, hat die Form einer Schraube.
eiförmig: Eine Sache, die eiförmig ist, hat die Form eines Eies.
ellipsenförmig: Eine Sache, die ellipsenförmig ist, hat die Form einer Ellipse.
trichterförmig: Eine Sache, die trichterförmig ist, hat die Form eines Trichters.
bogenförmig: Eine Sache, die bogenförmig ist, hat die Form eines Bogens.
winkelförmig: Eine Sache, die winkelförmig ist, hat die Form eines Winkels.

9 weniger als 100: fast 100, knapp 100, an die 100, bis zu 100, unter 100, nahezu 100, beinahe 100, kaum 100.
circa 100: ungefähr 100, etwa 100, an die 100, um die 100.
mehr als 100: gut 100, über 100.

6.2 Messer aus Licht

2 Stab – Aluminiumoxid – Chrom – Rubin – Stabes – Spiegel – Spiegel – Licht – Rubinstab – Lampe – Licht.

3 Ein „grünes" Photon trifft auf ein Atom des Rubinstabes. Das Photon wird durch ein Elektron des Atoms absorbiert. Die Energie des Photons wird gespeichert. Das Elektron springt auf eine höhere Bahn. Das Elektron fällt um eine Stufe zurück. Energie wird als „rotes" Photon abgegeben. Das „rote" Photon trifft auf ein weiteres Elektron. Ein „rotes" Photon wird abgegeben. Zwei Photonen treffen auf andere Atome auf. Weitere Photonen werden frei.

4 2. …, das ebenfalls ein „grünes" Lichtquant absorbiert hat. 3. …, die Lichtquanten gespeichert haben. 4. …, die sich den ersten anschließen. 5. …, der durch den teildurchlässigen Spiegel als Laser aus dem Rubinstab schießt.

5 1. … man damit Organe durchbohren und schneiden kann. 2. … man damit Organe durchbohren und schneiden kann. (Für die Sätze 3 und 4 gibt es keine eindeutigen Lösungen.)

6 1. … kann Licht ihn durchdringen. 2. … absorbiert ein Elektron das Photon. 3. … gibt das Elektron einen Teil der aufgenommenen Energie als „rotes" Photon wieder ab. 4. … werden die Photonen viele Millionen mal im Rubinstab hin und her reflektiert. 5. … entstehen

Strahlen von solcher Energiedichte, daß man damit härteste Stoffe durchbohren und schneiden kann.

7 1. Weil der Spiegel durchlässig ist ... 2. Wenn ein Photon auf ein Atom des Rubinstabes auftrifft ... 3. Wenn das Elektron um eine Stufe zurückgefallen ist ... 4. Wenn die Photonen durch die Spiegel reflektiert werden ... 5. Dadurch, daß der Laserstrahl auf einen Durchmesser von einem Hunderttausendstel Zentimeter konzentriert ist, ...

8 abgeben = weggeben, aufgeben = nicht mehr machen, angeben = mitteilen, ausgeben = z. B. Geld, beigeben = dazugeben, hergeben = weggeben, nachgeben = nicht auf seinem Standpunkt beharren, umgeben – z. B. einen Garten mit einem Zaun, vergeben = an jmdn. geben, weggeben = abgeben, weitergeben = an eine andere Person geben, zugeben = gestehen, zurückgeben = etwas, was man geliehen hat, wieder an den Eigentümer geben.

9 von, mit, von, auf, von, von, mit, durch, im.

6.3 Leben auf dem Mars?

1 Aufnahme von Kohlendioxid – Aufnahme von Wasser – Bildung von Zucker – Abgabe von Sauerstoff.

2 Behälter, Kohlendioxidgas, Xenonlampe, lebende, aufnehmen, entfernt, erhitzt, zerstört, organischen, Gas, Zellen, Kohlenstoff, aufgenommen, Geigerzähler, mißt, übermittelt, funkt.

3 1. Zeile 6–15, 2. Zeile 15–22, 3. Zeile 27/28, 4. Zeile 35–42, 5. Zeile 42–44, 6. Zeile 44–46, 7. Zeile 47–51.

4 Radioaktives Kohlendioxidgas wird zugefügt. Die Probe wird von/mit einer Xenonlampe bestrahlt. Der Rest des Gases wird aus dem Behälter entfernt. Der Behälter wird geschlossen. Die Bodenprobe wird erhitzt. Das Gas wird durch einen Geigerzähler geleitet. Die Ergebnisse werden an einen Sender übermittelt. Die Ergebnisse werden zur Erde gefunkt.

5

	decken	finden	fügen	füllen	geben	halten	hoffen	laufen	nehmen	setzen	stören	strahlen	suchen	wandeln	zeichnen
ab-	×	×		×	×	×		×	×	×		×	×	×	×
auf-	×	×		×	×	×		×	×	×		×	×		×
be-	×	×		×	×	×		×	×	×		×	×		×
ein-	×	×	×	×	×	×		×	×	×					×
ent-	×					×		×	×		×				
er-		×		×	×	×	×	×		×		×	×		
unter-				×	×			×	×				×		×
zer-								×		×	×				
zu-	×			×	×	×	×		×	×	×				

6 1. a, 2. a, 3. b, 4. a, 5. a, 6. c, 7. b, 8. c.

7 1. Sehen wir uns zuerst einmal den Stoffwechsel einer grünen Pflanze an. 2. Abläufe dieser Art nennt man Photosynthese. 3. Aller Wahrscheinlichkeit nach gäbe es ohne die Photosynthese kein Leben im Weltall. 4. Man konnte keine Spuren von Leben auf dem Mars finden. 5. Oder gibt es möglicherweise Leben an noch nicht untersuchten Stellen des Planeten?

7 Aus Architektur und Bauwesen

7.1 Beton – Stahlbeton – Spannbeton

1 1. c, 2. c, 3. a.

5 a) 1 = 9, 2 = 1/2, 3 = 4/5, 4 = 8, 5 = 7, 6 = 10.
b) 9, 2, 10, 6, 8, 5, 4, 1, 7, 3.

7 1. ... verhindert, daß der Träger bricht. 2. ... wird dadurch erhöht, daß er „vorgespannt" wird. 3. ... wird komprimiert, bevor er belastet wird. 4. Während der Balken belastet wird, ...

8 1. Stahldrähte werden in die Schalung gelegt. 2. Flüssiger Beton wird in die Schalung eingefüllt. 3. Die Stahldrähte wollen sich auf die ursprüngliche Länge zusammenziehen. 4. Nachdem der Beton erhärtet ist, wird der Bauteil gespannt. 5. Durch einen „Kanal" wird ein Stahlkabel gelegt und gespannt. 6. Der Stahldraht wird an den Enden des Kanals in gespanntem Zustand befestigt. 7. Der Kanal wird mit flüssigem Beton ausgefüllt.

9

	Festigkeit	Körper	Kraft	Kunst	Draht	Spannung	Stab	Stoff	Teil	Träger	Werk	Zone
Bau		×		×				×	×	×	×	×
Beton	×	×				×			×	×	×	×
Druck	×		×			×	×				×	×
Stahl		×			×	×	×		×	×	×	×
Zug	×		×			×	×					

10 Substantiv: e Festigkeit, e Höhe, e Stärke, e Flüssigkeit, e Neutralisierung, e Füllung, e Lösung.
Adjektiv: gebaut / baulich, hoch, neutral, voll / gefüllt, lang, gelöst / löslich.
verb: festigen, bauen, stärken, verflüssigen, verlängern.

7.2 Bauen und Heben im Takt

2 1 = Stütze, 2 = Treppe, 3 = Aufzug, 4 = Sanitärraum (2–4 = Gebäudekern), 5 = Fenster, 6 = Fassade, 7 = Flachdach, 8 = Boden, 9 = Decke, 10 = Keller, 11 = Fundament, 12 = Kelleraußenwand, 13 = Wand.

4 4, 3, 6, 7, 8, 1, 5, 2.

5 2/6, 3/4/5.

8 in – im – am – im – in die – Auf – Über – an – über – an – um – nach.

9 bauen – ähnlich / Etage – definitiv / anbringen, installieren – festmachen / benutzen.

10 abbestellen – abstoßen – unmöglich / unterschreiten – Boden – Tiefe.

11 hintereinander – übereinander – gegeneinander – miteinander – beieinander – zueinander.

12

Verfahren	Vorgehensweise	Prozeß
Decke	obere Abgrenzung der Etage eines Hauses	Gegenstand zum Einhüllen des Körpers
Geschoß	Stockwerk	Munition
Boden	Erde/Untergrund	oberstes Geschoß eines Hauses
Abschnitt	Teil	Teil einer Eintrittskarte
Kern	Innere eines Gebäudes	im Innern mancher Frucht
Leitung	transportiert z.B. Wasser	Direktion
Kopf	oberer Teil des Gebäudekerns	oberer Teil des Körpers
Arm	tragender Teil beim Bauen	Teil der Extremitäten

Stock	Etage	Stab als Gehhilfe
Block	Ansammlung von Stockwerken	Ansammlung von Papier zum Schreiben

7.3 Konstruktion nach einem Modell

2 Mehrzweckhalle, Dach, Holzgitter, Polyvinylhaut, Daches, Hügeln, Form/Konstruktion, Schnur, Enden, hängt, Parabel, Scheitel, Tragfähigkeit, Biegespannungen, Reihe, Schnüren, Netz, dreht, Tragkraft, Drähten, hügelförmiger, gebaut, prüfen, Mülltonnen, gefüllt, Gitters, Halle.

4 1. Offen, 2. Nein, 3. Nein, 4. Ja, 5. Ja, 6. Offen, 7. Offen, 8. Ja.

5 undurchlässig – mit – Schwierigkeit – unmöglich / schlechteste – loslassen – oben – vor, nachdem / Entlastung – unfertig, im Bau (befindlich) – jene.

6 am interessantesten, am lichtdurchlässigsten, am erstaunlichsten, am schwierigsten / am einfachsten, am besten / am kompliziertesten, am genauesten.

8 Dachkonstruktion, Mehrzweckhalle, Holzgitter, Polyvinylhaut, Spannweite, Grundfläche, Biegespannung, Brückenbogen, Gesamt-/Bauform, Tragfähigkeit, Gesamt-/Baustruktur, Belastungsprüfung, Hügellandschaft, Fassungsvermögen.

9 Meter hoch zwei/Quadratmeter, Meter hoch drei/Kubikmeter, Liter, Volumen, Fläche, Länge, Volumen/Inhalt.

11 1. Zeile 4–9, 2. Zeile 4–10, 3. Zeile 11–12, 4. Zeile 16–21, 5. Zeile 21–36, 6. Zeile 46–51.

7.4 Eine Brücke wandert

1 1. Nein, 2. Ja, 3. Ja, 4. Nein, 5. Nein, 6. Ja, 7. Ja, 8. Ja, 9. Nein, 10. Ja.

2 Stahlkonstruktion, Mittelpylon, Schrägseilpaaren, Mittelpylon, Breite, Fahrspuren, Rad-, Gehwege, Gleiskörper, Gesamtgewicht, Mittelpfeiler, Verschubbahn, Teflon, Stahlplatte, Gleitfähigkeit, Verschiebung, Zugpressen.

4 Material – genauso – bauen – Schwierigkeit / nicht machbar – leiten – Auto – installieren/ einbauen.

5 1. i), 2. g), 3. a), 4. d), 5. b), 6. e), 7. c), 8. h), 9. j), 10. f).

8 50 Meter – 12 Tonnen – 1 Millimeter – am sieb(en)ten Vierten – fünzehn Uhr fünf.
Zeit: 15.05
Länge: 50 m, 1 mm
Gewicht: 12 t

9 1. Die neue Brücke sollte 50 m südlich der alten Brücke errichtet werden. 2. Die alte Brücke sollte abgebrochen werden. 3. Der Verkehr sollte über die neue Brücke geleitet werden. 4. Die neue Brücke sollte an die Stelle der alten verschoben werden.

11 1. Zeile 1–3, 2. Zeile 3–5, 3. Zeile 5–12, 4. Zeile 22–25, 5. Zeile 29–32, 6. Zeile 38–44, 7. Zeile 46–47, 8. Zeile 65–68.

13 Brücke, Verkehr, Verschiebung, Mittelpylon, Fahrbahn, Gleiskörper, Stahlplatte, Teflon, Zugpresse, Computer.
Fachsprache macht Spaß!

Quellennachweis

Text 1.1 Nach: Global 2000, Der Bericht an den Präsidenten, Frankfurt/M: Verlag Zweitausendeins 1980

Text 1.2 Beitrag des Autors

Text 1.3 Nach: Meadows, Dennis (u. a.), Die Grenzen des Wachstums, Stuttgart: Deutsche Verlags-Anstalt 1972

Text 1.4 Nach: Meadows, Dennis, a. a. O.

Text 2.1 Nach: Habermann, Adolf, Sind Sonnenkraftwerke wirtschaftlicher?, in: Ausbau 1978/4, Konstanz: Verlag Christiani; Gretz, J., Kraftwerk „Eurelios", Startschuß für den Sonnenstrom, in: Bild der Wissenschaft, 1981/4, Stuttgart: Deutsche Verlags-Anstalt

Text 2.2 Nach: Kernkraftwerke mit Leichtwasserreaktoren, Broschüre der Kraftwerk Union AG, Mühlheim/Ruhr 1976

Text 2.3 Nach: Witkowski, Siegbert, Hochleistungslaser für die Fusionsforschung, in: Umschau in Wissenschaft und Technik, 15. 3. 1977, Frankfurt/M.: Umschau-Verlag

Text 2.4 Nach: Baier, Walter, Die Wärmepumpe, in: Bild der Wissenschaft, 1978/1, Stuttgart: Deutsche Verlags-Anstalt

Text 3.1 Nach: Wolterek, Stefan, Der VW Golf Diesel, in: Die Zeit, 17. 9. 1976, Hamburg: Zeit-Verlag

Text 3.2 Nach: Grohe, Heinz, Otto- und Dieselmotoren, Würzburg: Vogel Verlag 1973

Text 3.3 Beitrag des Autors (Beratung von Prof. Dr. G. Seger, Konstanz)

Text 3.4 Nach: Jorissen, H. Dieter, Kraftstoff Wasserstoff, ein System nach Maß, in: VDI-Nachrichten 11, 18. 3. 1977, Düsseldorf: VDI-Verlag

Text 4.1 Nach: Grabert, H., Salzstockkavernen als Energiespeicher für das Turbinenwerk Huntorf, in: Technik heute, 1979/11, Konstanz: Verlag Christiani

Text 4.2 Nach: Seher, Wolfgang, Phänomen Supraleitung, in: Ausbau 1977/5, Konstanz: Verlag Christiani

Text 4.3 Beitrag des Autors

Text 4.4 Nach: Parsch, Claus-Peter, Raschbichler, Hans-Georg, Der eisenbehaftete synchrone Langstatormotor für die Transrapid Versuchsanlage Emsland (TVE), Broschüre des Konsortiums Magnetbahn Transrapid, Messerschmitt-Bölkow-Blohm

GmbH, München: 1981; Die Transrapid-Versuchsanlage Emsland (TVE), Broschüre des Konsortiums Magnetbahn Transrapid, o.J.

Text 5.1 Nach: Elektronik zerstört Arbeitsplätze, in: Spiegel, 17.4.1978, Hamburg: Spiegel Verlag; Ruminski, Lutz, Roboter bei VW, in: Bild der Wissenschaft, 1984/8, Stuttgart: Deutsche Verlags-Anstalt

Text 5.2 Nach: Bohle, G., Hofmeister, E., Halbleiterbauelemente für die Elektronik, Broschüre der Siemens AG, München: o.J.

Text 5.3 Beitrag des Autors

Text 5.4 Nach: Krisch, Burkhard (u.a.), Elmiskop ST 100 F, ein Durchstrahlungs-Rasterelektronenmikroskop höchster Leistung, in: Analysentechnische Mitteilungen Nr. 160, Karlsruhe: Siemens AG 1976

Text 6.1 Nach: Weber, Gustav, Die größten Maschinen für die kleinsten Teilchen, in: Bild der Wissenschaft, 1978/7, Stuttgart: Deutsche Verlags-Anstalt

Text 6.2 Beitrag des Autors (Beratung von Prof. Dr. H. Kramer, Konstanz)

Text 6.3 Nach: Gore, Rick, Sifting for Life in the Sands of Mars, in: National Geographic, Januar 1977, Washington, USA

Text 7.1 Nach: Clive, Brasnett, English for Engineers, Mathuen Educational Ltd, London, 1968

Text 7.2 Nach: Schwanzer, Karl, Arbeitsgemeinschaft Verwaltungshochhaus BMW, Broschüre, Wien: Verlag Modul, o.J.

Text 7.3 Nach: Burkard, H.D., Konstruktion nach einem Modell, in: VDI-Nachrichten, 25.7.1975, Düsseldorf: VDI-Verlag

Text 7.4 Nach: Recknagel, R., Querverschub Oberkasseler Brücke, Broschüre, hrsg. vom Presseamt der Landeshauptstadt Düsseldorf, 1976.

Bildnachweis

Atelier Krebs, Hannover: S. 105
Bibliographisches Institut AG, Mannheim: S. 55
Christiani Verlag, Konstanz: S. 64
Deutsches Elektronen-Synchrotron, Hamburg: S. 101
Eckart, Werner, München: S. 18, 22, 26, 27, 32, 37, 43, 46, 59, 71, 92, 95, 100, 104, 108, 128
Dyckerhoff und Widmann, München: S. 120
Globus-Kartendienst GmbH, Hamburg: S. 8, 13
Janssen, Susanne, Köln: S. 52
Kraftwerk Union AG, Mülheim/Ruhr: S. 32
Marshall Cavendish Encyclopedia, Bd. 8: S. 51, 54
Max-Planck-Gesellschaft, München: S. 38
Messerschmitt-Bölkow-Blohm GmbH, München: S. 27
Müller, Tilo, Mannheim: S. 42, 55, 74, 75, 87, 88, 114, 115, 124
Mutschler Carlfried und Partner, Mannheim: S. 125
Neubert, Sigrid, München: S. 121
Siemens, Erlangen: S. 76
Siemens, München: S. 83
Volkswagen AG, Wolfsburg: S. 82